大学生管理创新理念研究

韩玉玲　罗丽华　彭佩林　著

吉林出版集团股份有限公司

图书在版编目（CIP）数据

大学生管理创新理念研究 / 韩玉玲, 罗丽华, 彭佩林著. － 长春：吉林出版集团股份有限公司,2023.9
ISBN 978-7-5731-4338-9

Ⅰ. ①大… Ⅱ. ①韩… ②罗… ③彭… Ⅲ. ①大学生－高校管理－研究 Ⅳ. ①G647

中国国家版本馆CIP数据核字(2023)第175078号

大学生管理创新理念研究
DAXUESHENG GUANLI CHUANGXIN LINIAN YANJIU

著　　者	韩玉玲　罗丽华　彭佩林
责任编辑	王　平
封面设计	李浩阳
开　　本	710mm×1000mm　1/16
字　　数	205 千
印　　张	11.25
版　　次	2024 年 4 月第 1 版
印　　次	2024 年 4 月第 1 次印刷

出版发行	吉林出版集团股份有限公司
电　　话	总编办：010-63109269
	发行部：010-63109269
印　　刷	北京银祥印刷有限公司

ISBN 978-7-5731-4338-9　　　　　　　　　　定价：78.00 元

前　言

随着社会时代的飞速发展，信息技术的应用范围越来越广泛，学生们获得了丰富的课外生活色彩，但现代学生学习娱乐的社会环境也变得更加丰富。他们复杂多样的思维方式，也是更加开放、自由、灵活，也是对知识和研究的更广泛追求，这给学生的日常管理带来了新的困难和挑战。大学生作为高等教育的接受者，其管理质量直接关系到高校的教育质量和学生的未来发展。因此，对大学生管理问题进行深入的研究和探讨，对于推进高校教育改革和学生全面发展具有重要意义。

本书旨在为读者提供全面、系统的大学生管理经验和知识，希望对高校教育工作者、学生及家长有所帮助。我们相信，通过深入了解和掌握大学生管理的相关知识和技能，将有助于学生全面发展。

本书共分六章对大学生管理理念创新进行研究。第一章中我们探讨了学生管理的含义、特点及目标，并深入分析大学生管理的价值。在此基础上，我们将进一步探讨现代大学生管理理念，为后续的章节提供理论支撑。第二章将介绍大学生管理制度的发展演变，并探讨如何完善高校大学生管理制度。我们将从制度层面出发，分析当前大学生管理制度存在的问题和不足，并提出相应的完善策略。第三章至第六章将分别探讨大学生生活管理、学习管理、资助与奖励管理以及活动管理等方面的问题。这些章节将结合实际案例，提出针对性的解决方案和管理策略，为高校教育工作者提供有益的参考。

本书主要有以下几个特点：

第一，结构清晰，层次分明。目录按照章节的顺序进行组织，每一章下面又分成若干节，使得整个目录结构清晰，层次分明。这样的结构有助于读者快速了解目录的全貌，方便查阅和阅读。

第二，内容丰富，涵盖面广。目录涉及的内容非常丰富，涵盖了大学生管理的多个方面，如价值与理念、管理制度的发展演变、生活管理、学习管理、资助与奖励管理以及活动管理等问题。这些内容涵盖了大学生管理的各个方面，为读者提供了全面的参考和指导。

第三，逻辑性强，关联性突出。目录中各个章节之间的逻辑关系清晰，关联性突出。例如，第一章对大学生管理的价值与理念的分析为后续章节提供了理论基础，第二章对管理制度的发展演变的研究为后续的完善策略提供了依据。这种逻辑性和关联性的设计有助于读者更好地理解全书内容。

本书在写作过程中参考了众多专家学者的研究成果，在此表示诚挚的感谢。由于时间和精力的限制，本书内容可能存在疏漏之处，恳请广大读者予以批评指正！

韩玉玲　罗丽华　彭佩林

2023 年 7 月

目 录

第一章　大学生管理的价值与理念

第一节　大学生管理含义、特点及目标

一、大学生管理的含义

管理，就其字面意义而言，就是管辖、处理的意思。由于管理的涉及而极其广泛，所以人们往往按照某种需要、从某种角度来看待和谈论管理，因而，对也就形成了多种不同的解释。即使是在管理学界，对管理也有多种不同的定义。有的从管理职能和过程的角度，认为管理是由计划、组织、指挥、协调和控制等职能为要素组成的过程；有的强调管理的协调作用，认为管理是在某一组织巾，为完成目标而从事的对人与物质资源的协调活动；有的突出组织中的人际关系和人的行为，认为管理就是协调人际关系，激发人的积极性，以达到共同目标的一种活动；有的从决策在管理中的重要地位的角度出发，认为管理就是决策；有的从系统论的角度出发，认为管理就是根据一个系统所固有的客观规律，施加影响于这个系统，从而使这个系统呈现一种新的状态的过程。这些不同的定义，从各个不同的角度揭示了管理活动的特性。

学生管理就是学校对学生在校活动实施计划、组织、领导、协调和控制，从而完成学校培养目标，实现学生个人全面发展的过程。但需要说明的是学校不是学生管理过程中唯一主体。在管理过程中既要考虑到上级教育领导部门的各项规章制度，更重要的是要尊重学生的主体性，在管理中充分发挥学生的主体作用。所以说，在学生管理这个特殊的管理活动中，学生也是管理的主体。

大学生管理是对大学生日常事务的管理，它是指通过对学生的日常行为进行规范、指导和服务，来促进学生的全面发展。学生管理有广义和狭义之分，学生工作就是广义的学生管理，包括思想政治教育、日常事务管理、学生工作的考核与评估、学生成长发展指导等内容。文章所说的学生管理指的是狭义的学生管理，也就是管理学生，它侧重的是日常管理，包

括班级建设、学生奖惩，学生资助、安全教育、宿舍管理、生活服务，就业指导等，涉及到学生在校的方方面面。

第一，理想信念教育和道德品质规范的养成教。理想信念是一个人的前进航向，而道德品质则是为人做事的准绳。在大学生管理工作中，管理工作者要重视校园文化建设，为大学生创造高雅的文化氛围。通过校园文化的影响和熏陶帮助大学生营造良好的舆论氛围和心理氛围，通过文化活动的组织和开展提高思想教育的效果。

第二，确立依法治校、维护学生合法权益。实行依法治校，就是要在高校的日常管理工作中，要明确学校和学生的权利及义务，要充分保障学生的合法权益。要依靠法律和学校的各种规章制度，对学生进行奖励、处分、处理，以及救济资助。在对学生处分、处理等涉及学生权益问题时，要严格按照正当程序，规范处理过程，使学生的合法权益不受到侵害。

第三，学籍管理和学习指导。随着高校教学体制改革的深入和弹性学制、学分制的实施，在学生学籍管理中，高校可以建立实施跨校、跨专业修读，专修和辅修相结合等有利于学生成长的学生管理模式。学生管理工作者可以通过学风建设，为学生学习创造积极向上的学习氛围；学生在进行自主性选择学习的同时，管理者要提供全方位的、积极主动的辅导和帮助，帮助学生养成自主式的学习习惯和终身学习的思想观念。

第四，就业指导和就业服务。就业指导和服务是学生管理工作的一项重要内容。面对日益严重的就业形势，高校要设立专门的就业指导部门，学校主要领导直接负责管理。就业指导部门要做好在校生职业生涯规划指导、就业信息收集、实习基地建设、毕业生就业指导，毕业生职业规划发展等工作。

第五，勤工俭学和贫困生救助。随着高校办学多元化，贫困生的比重日益增加，贫困生资助和勤工俭学成为学生管理工作的一项重要内容。学生管理部门要针对学生的实际情况和高校的规章制度，开通助学贷款的"绿色通道"、尽可能的多开辟勤工俭学的岗位、认真做好国家奖助学金和校内贫困生补助的发放工作。同时，针对学生群体中发生的突发事件建立应急处理机制和"临时困难补助"制度，对于发生重大家庭变故的学生，要及时给予特殊帮助。

第六，生活服务和心理治疗。高等教育不仅仅体现在学习方面，还要把"服务育人"的理念贯彻到日常的学生管理工作中去。学生管理部门要和校内其他服务部门互相配合，在为学生提供衣食住行等方面服务。同时，还要重视对学生进行健康生活方式的引导。高校心理咨询中心要通过各种渠道，运用多种形式在全校范围内对学生开展心理健康教育和心理咨询活动，要加强对心理有疾患学生的心理治疗。学生管理工作者要建立畅通的信息网络，使思想政治教育和心理健康教育有效结合，进而提高学生管理工作的水平。

第七，校园秩序与课外活动。学校要为学生提供健康、和谐的学习和生活环境，学生管理工作者要积极引导学生，自觉遵守学校管理制度，提高自身的道德修养，自觉维护校园秩序。同时，学校要积极鼓励学生团体组织开展有益于大学生身心的活动，并对活动加以管理和指导，保证学生活动的合法性和科学性。大学生通过参加各种类型的团体活动，可以在人际交往和社会适应能力等方面得到一定的锻炼，有利于学生的全面发展。

二、大学生管理的特点

大学生管理作为高校为实现人才培养目标而为大学生提供的引导与服务，有其自身显著的特点。

（一）鲜明的价值导向

大学生管理总是为一定社会培养人才提供服务的，大学生管理的目的、管理体制和管理形式总是受到社会的经济基础、政治制度和意识形态的制约。因此，大学生管理必然具有鲜明的价值导向，它总是贯穿并体现着一定社会的主导价值体系，并直接影响着大学生价值观的形成、变化与发展。我国是人民民主专政的社会主义国家，我国的高校是为社会主义建设事业培养专门人才的。这就决定了我国的大学生管理必然要坚持社会主义的价值导向。具体地说，大学生管理的价值导向主要体现在以下几个方面。

1．大学生管理的价值导向集中体现在管理目标中

目的性是人类实践活动的基本特征。而人的实践活动的目的，总是基于一定的需要和对实践对象的属性及其变化趋势的认识与判断，因而总是体现着一定的价值观念。大学生管理的目的同样如此。事实上，大学生管理的目的以及作为其具体展开的整个目标体系，都是基于一定的价值观念确定和设计的，都贯穿和体现着一定的价值观念和价值追求，因而，大学生管理的价值导向不仅对管理者的管理行为和大学生的日常行为起着导向、

激励和评价作用，而且会对大学生价值观的形成和发展起到重要的引导和促进作用。例如，建立和维护良好的教育教学和生活秩序是大学生管理的重要目标，这一目标就体现了"有序"的价值，因而这一目标的执行，又会促进大学生形成"有序"的观念。同时，大学生管理是大学生教育的重要环节。为谁培养人，培养什么样的人，始终是大学生教育的首要问题，当然也是大学生管理的首要问题。显然，对这个问题的解决，必然鲜明地体现着一定的价值观念和价值追求。在我国现阶段，也就是要体现社会主义核心价值体系，体现实现中国特色社会主义的共同理想对人才培养的要求。因而，我国大学生管理的目标也必然要体现社会主义的价值导向。

2. 大学生管理的价值导向突出体现在管理理念中

大学生管理理念是大学生管理的指导思想，直接制约着大学生管理的原则和方法。而大学生管理理念也总是体现了社会的价值体系，并往往是社会的先进的价值观念在大学生管理中的贯彻和体现。例如，大学生管理中的"以人为本"的理念，就是我们党所坚持的"以人为本"的价值观念在大学生管理中的贯彻和体现。在大学生管理中全面贯彻"以人为本"的理念，坚持做到"关心人、尊重人、依靠人、发展人、为了人"[①]，必然会对学生正确认识人的价值，确立"以人为本"的价值观念产生积极影响。

3. 大学生管理的价值导向具体体现在管理制度中

科学而又严密的规章制度，是大学生管理的基本手段，是大学生管理规范化、制度化和法制化的基本保证和主要标志。而管理规章制度总是人们在一定的价值观念指导和影响下制定出来的，总是体现着一定的价值导向，具体表现为要求大学生做什么，不做什么；鼓励和提倡做什么，反对和禁止做什么；奖励什么样的行为和表现，惩罚什么样的行为和表现等等。大学生管理制度中的这些规定无不体现着鲜明的价值导向。

（二）突出的教育功能

大学生管理是高校人才培养工作的重要组成部分，因此，大学生管理既具有管理的属性，又具有教育的属性，有着突出的教育功能。

1. 大学生管理的目标服从和服务于大学生教育的目标

大学生是为了接受大学教育而跨进大学之门的，大学生管理则是高校

---

① 钟星星. 构建需要型企业文化[D]. 中共中央党校，2011.

为实现大学生教育目标，促进学生圆满完成大学学业而实施的特殊管理活动，因此，大学生管理的目标必然服从和服务于大学生教育的目标。

一方面，大学生教育目标是制定大学生管理目标的基本依据。实际上，大学生管理目标也就是大学生教育目标在大学生管理活动中的贯彻和体现，是其在大学生管理领域的分目标。离开了教育目标，大学生管理也就偏离了方向。

另一方面，大学生教育目标的实现有待于大学生管理目标的实现。大学生管理是实现大学生教育目标的重要手段，只有通过有效的管理，建立和保持正常的教育教学和生活秩序，充分调动大学生学习的积极性和主动性，为大学生提供各种必要的指导和服务，才能保证学校教育教学活动的顺利进行和学生的健康成长。没有有效的大学生管理，教育目标也就不可能实现。

2. 教育方法在大学生管理方法体系中具有突出的作用

教育方法是包括大学生管理在内的现代管理活动中最经常最广泛使用的一种基本手段。这是因为，一切管理活动都离不开人，而人是有思想的，人的活动总是由一定的思想意识支配的。正如恩格斯所说："推动人去从事活动的一切，都要通过人的头脑"。[①]因此，任何管理活动都要坚持思想领先的原则，注意做好人的思想工作，通过影响人的思想去引导和制约人们的活动。而大学生管理作为大学生教育和培养工作系统中的一个重要组成部分，也就必然要更加注重运用教育的手段，以增强大学生管理的实效性。同时，教育方法也是大学生管理中其他方法顺利实施并收到实效的基础。大学生管理的法律方法、行政方法和经济方法的实施，一般都要伴之以思想道德教育，才能收到良好的效果。正如毛泽东所说："为着维持社会秩序的目的而发布的行政命令，也要伴之以说服教育，单靠行政命令，在许多情况下就行不通。"[②]

3. 大学生管理过程同时也是教育大学生的过程

高校是教育和培养专门人才的场所，高校的一切工作都应当对学生起到良好的教育和影响作用。直接面向大学生所实施的大学生管理工作，当

---

①卡尔·马克思，弗里德里希·恩格斯. 马克思恩格斯选集（第4卷）[M]. 中共中央马克思恩格斯列宁斯大林著作编译局，译. 北京：人民出版社，2012：238.
②中共中央文献研究室. 毛泽东选集（第五卷）[M]. 北京：人民出版社，1977：369.

然更是如此。事实上，在大学生管理过程中包含着十分丰富的教育因素。大学生管理过程中所贯彻的以人为本、民主法制、公正和谐的理念，所体现的从学校和学生的实际出发、遵循教育规律和管理规律、实事求是的科学精神，所采用的民主管理、依法管理、科学管理的方法等等都会对学生起到潜移默化的影响。大学生管理过程中所实行的依据大学生成长成才的规律和要求制定的各项规章制度，都会对大学生起到思想导向、动机激励和行为规范的作用。大学生管理过程中管理人员的情感、态度和言行也会对大学生起到表率和示范作用。可见，大学生管理的过程同时也是教育学生的过程，并直接影响着大学生思想品德的形成与发展。

（三）显著的专业特色

大学生管理传统上是经验性的事务型工作，但由于大学生管理有其特殊的管理对象、特殊的内在规律和特有的方法体系，决定了必须形成大学生管理专业视角、使用专业方法、形成专业研究模式。所以，大学生工作管理是专业性很强的工作。

1. 大学生管理有其特殊的管理对象

大学生管理的对象是大学生，而大学生则有着区别于一般管理对象的显著特点。

第一，大学生是具有高度自觉能动性的人。大学生具有强烈的自主意识、突出的独立意向和较高的智力发展水平，崇尚独立思考，要求自主自治。在大学生管理过程中，大学生不仅仅是接受管理的对象，也是积极活动的主体。对于管理的要求和规章，对于管理者施加的指导和督促，他们总要经过自己的思考，作出自己的评价、选择和反应。更重要的，他们还会主动积极地参与到管理活动中来，自觉地接受管理和实行自我管理。这就要求在大学生管理中必须着力激发和引导大学生的自觉能动性，使他们能够自觉地顺应大学生管理的目标和要求，主动接受管理，积极开展自我管理。

第二，大学生是正处于成长和发展关键时期的人。他们的心理日趋成熟但还尚未完全成熟，智力迅速发展，情感日益丰富，自我意识显著增强，但又存在着诸如理智与情绪的矛盾、自我期望与自身能力的矛盾等等心理矛盾。他们正处于思考、探索和选择之中，世界观、人生观和价值观正在形成，思想活动具有显著的独立性、敏感性、多变性、差异性和矛盾性。

他们即将走上社会，正在做进入职场、全面参与社会劳动实践的最后准备。可见，大学生有着既不同于少年儿童、又区别于成人的特点。同时，也正由于大学生还处于趋向成熟的过程之中，因而在他们身上又蕴藏着各个方面发展的极大的可能性，有着发展的巨大潜力。这就要求在大学生管理中，要针对大学生的特点，切实加强并科学实施对大学生的指导和服务，以促进他们的健康成长，并使他们的身心获得最佳的发展。

第三，大学生是以学习为主要任务，并在教师的指导下进行自主学习的人。大学生的主要职责是学习，大学生的学习是由教师指导的、按照一定的制度和规定有目的、有计划、有组织地进行的。同时，大学生可以按照学校的有关规定自主地选修课程，自主地支配大量的课外学习时间。因而，大学生的学习不仅需要掌握科学的学习方法，而且需要高度的学习自觉性和有效的自我管理。这就要求大学生管理紧紧围绕大学生的学习任务，切实加强对大学生学习行为的指导和管理。

2. 大学生管理有其特殊的内在规律

这是由大学生管理自身的特殊矛盾决定的。大学生管理的特殊矛盾就是社会基于对专门人才的需要而对大学生在行为方面的要求与大学生行为实际状况之间的矛盾。这一矛盾存在于一切大学生管理的活动之中，贯穿于一切大学生管理过程的始终，决定着大学生管理的全局。它构成了大学生管理的基本矛盾，也是大学生管理区别于其他社会实践活动活动的特殊矛盾。大学生管理就是为解决这一矛盾而专门进行的特殊社会实践活动活动。因此，大学生管理作为一种管理活动，固然要遵循管理的一般规律，但又有其区别于其他管理活动的特殊规律。大学生管理作为一种人才培养的手段，固然要遵循教育的一般规律，但又有其区别于其他教育活动的特殊规律。这就需要对大学生管理的特殊规律，进行专门的探索和研究。大学生管理理论研究的任务，就是要揭示大学生管理的特殊规律。

3. 大学生管理有其特有的方法体系

大学生管理是一个复杂而重要的任务，需要针对特定环境和群体采用适当的方法。大学生管理所具有的特定的管理对象和特殊的管理规律，决定了大学生管理有其特有的方法体系。由于大学生管理工作涉及面极其广泛，具有很强的综合性，因而需要掌握管理学、教育学、心理学、社会学等多方面的理论方法和技术。但大学生管理的方法体系又不是这些学科方法和技术的简单拼凑和机械相加,而是需要在系统掌握这些学科理论、方法和技术的基础上,针对大学生的特点,依据大学生管理的特殊规律和具体实际,把它们有机地结合起来加以综合运用,从而形成自己特有的方法体系。

(四)复杂的系统工程

同任何管理活动一样,大学生管理也是一项系统工程,具有整体性、层次性、动态性和开放性。同时,大学生管理又有其特殊的复杂性,因而是一项十分复杂的系统工程。

1. 大学生管理的任务是复杂的

既要紧紧围绕大学生的中心任务,加强对学生学习行为和实践活动的管理和引导,又要切实为大学生的健康成长着想,加强对学生日常行为包括交往行为、消费行为、网络行为的管理和引导,及时发现、校正和妥善处理学生的异常行为;既要加强对大学生现实群体包括学生班级、学生党团组织、学生社团和学生生活园区的管理和引导,又要适应网络时代的新情况,加强对大学生以网络为平台形成的虚拟群体的管理和引导;既要对大学生在校园内的安全加强管理和引导,又要为大学生在校外的安全提供必要的指导和督促;既要做好面向全体学生的奖学金评定工作,以充分调动学生的学习积极性,又要做好面向家庭经济困难学生的资助工作,以帮助他们顺利完成学业;既要引导新生科学制订职业生涯规划,明确努力的具体目标,又要为毕业生提供就业、创业指导和服务,使学生能够在合适的岗位上施展自己的身手、实现自身的价值。总之,大学生管理渗透于大学生专业学习和日常生活的各个方面,贯穿于大学生培养工作的所有环节和全部过程,其任务是复杂而又艰巨的。

2. 大学生是具有明显差异和鲜明个性的

大学生管理的对象是大学生,而大学生则有着显著的差异和鲜明的个性。他们各有其特殊的精神世界和思想感情,有着不同的气质、性格、兴趣、爱好和习惯。即使是同一个年级、同一个专业、同一个班级的学生,由于他们各有其自己特殊的生活条件和生活经历,他们的思想行为也各有其特点。同时,随着自主意识的增强,大学生普遍崇尚个性,追求个性的自由发展和完善。对同一学生而言在成长变化不同的历史时期有着不同的特点。因此，大学生管理就不可能按照完全统一的要求、规格和程序来进行，而要善于根据大学生的个性特点，因人制宜，因势利导，有针对性地开展工作。这就使大学生管理具有了特殊的复杂性。

3. 影响大学生成长的因素是复杂的

大学生管理的目的是要促进大学生的健康成长，而影响大学生成长的，不仅有学校教育因素，还有外部环境因素。外部环境的构成因素是复杂的。现实世界中，所有与大学生的学习、生活、活动和交往有关的环境因素，都会或多或少地对大学生的成长发生影响。其中，有社会的因素，也有自然的因素；有物质的因素，也有精神的因素；有经济的、政治的因素，也有文化的因素；有国际的、国内的因素，也有家庭的、学校周边社区的因素；有现实的因素，也有历史的因素。尤其是随着现代信息技术的迅猛发展，世界越来越紧密地联系在一起，大学生可以方便快捷地获取来自世界各地的信息，因而，影响大学生思想行为及其成长的环境因素也就更为广泛，更为复杂。同时，外部环境对大学生的影响也是复杂的。

一是其影响的性质具有多重性。其中，有积极影响，也有消极影响，二者往往交织在一起，同时发生作用。而且，同样的环境因素相对于不同的大学生可能会发生不同性质的影响。例如，富裕的家庭经济条件对许多大学生是顺利完成学业的有利条件，但对有的大学生则成为铺张浪费、过度消费，甚至不思进取、荒废学业的重要原因。二是其影响的方式具有多样性。有直接的影响，有间接的影响；有显性的影响，有隐性的影响；有通过对大学生思想情感的熏陶发生作用的，有通过对大学生行为的约束发生作用的。凡此种种，不一而足。

因此，在大学生管理过程中，管理者不仅要善于对大学生的学习和生活进行正确的指导，而且要善于正确认识和有效调控各种环境因素对大学生的影响，尽可能充分利用其对大学生的积极影响，防止、抵御和转化其消极影响。显然，这是一项十分复杂的工作。

三、大学生管理的目标

大学生管理工作的目标，不仅包括研究学生管理学的相关体系，即研究大学生管理工作与活动的知识系统理论，而且更重要的是这种研究必须着眼于寻求学生管理工作本身所蕴涵的特殊矛盾，领悟和把握学生管理工作的运行规律，以更好地运用于学生管理工作的实践之中，有力地推动大学生管理工作。概括起来，大学生管理工作的主要任务有以下几点。

（一）总结大学生管理工作的经验和教训

学生管理是一种既古老又年轻的社会工作，它伴随学校的产生而产生，有着悠久的历史传统和崭新的时代内容。中国共产党早在初创时期就在大中学校开展学生工作，有 100 多年学生管理工作的历史，积累了丰富的经验。从创办湖南自修大学、平民女学、农民运动讲习所，到开办红军大学、抗日军政大学到新中国成立后各级各类学校的建立，其间有众多的经验需要总结，也存在一些教训需要吸取。新中国成立以后，我国的学生管理工作也有着许多值得认真研究的理论知识与实践特色，从解放初期到"文革"时期，从改革开放到全面建设小康社会，每一个时期都有不同的学生管理工作理论基点和实践探索，这些都是值得我们从事学生管理工作的同志认真学习、探讨、分析和思索的。

（二）贯彻党的教育方针

党的教育方针是党关于教育的指导思想和基本纲领，是党的理论和路线方针政策在教育领域的集中体现，是党和政府制定教育政策和开展教育工作的重要依据。

新时代党的教育方针是一个整体，党的十八大以来，习近平总书记对"培养什么人、怎样培养人、为谁培养人"[1]这一根本问题作出深刻回答。新时代党的教育方针明确要求"落实立德树人根本任务，厚植爱党、爱国、爱人民、爱社会主义的情感，努力培养德智体美劳全面发展的社会主义建设者和接班人"。

（三）借鉴国外成功的大学生管理经验

吸纳教育学、社会学、政治学、青年心理学、系统管理学、文化学等相关学科的知识理论，构建具有中国特色、符合时代精神的大学生管理模式。中国是一个历史悠久的文明古国，几千年来，我们的祖先在学生教育和管理中积累了丰富的经验，这是宝贵的历史文化遗产，应当批判地继承，做到古为今用。同时，我们还应大胆借鉴国外高校的学生管理经验，去粗

---

[1]王珂园，程宏毅. 习近平：用新时代中国特色社会主义思想铸魂育人 贯彻党的教育方针落实立德树人根本任务[N]. 人民日报，2019-3-19（01）版.

取精、去伪存真、融会提炼、博采众长，做到洋为中用。这样才能构建起具有中国特色的大学生管理的理论体系，并以此指导我们的实践，形成高效的、有益于大学生身心健康成长和成才的学生管理模式。

（四）推动实践创新

全面促进学生工作的科学化、法制化和人本化。虽然高校有办学的自主权，可以根据自身的特点制定符合本校实际的学生管理制度与规定，但这些规定不应与国家的法律法规相悖，不能违背大学生的成长规律，不能违背人性特点，不能违背社会主义办学方向与学生全面发展的最高宗旨。如何体现其管理制度的科学化、法制化和人本化，就有一个理论研究的问题，不仅需要研究法律与青年学的相关理论，还需要研究管理学方面的理论，同时更应注重将管理学、法律学、青年学有机结合起来，形成理论上的创新，推动实践创新。因为，大学生的管理不是一般的管理，而是一种对青年的管理，这种管理是要将这些有着一定知识的青年培养成德智体美全面发展的人才的管理，换言之，这种管理的最高宗旨是要促进学生全面发展，使其成为国家的建设者和接班人。这就使学生管理工作牵涉到一系列的理论研究与实践探索，这就是现实交给学生管理工作者的光荣而艰巨的任务。

（五）加强科学研究

不断发展大学生管理工作的理论体系，推动大学生管理工作模式健康运行。尽管学生管理工作有着丰富宝贵的实践经验和悠久的历史传统，但就总体情况而言，它与不断发展的中国特色社会主义的形势和发展趋势还存在着某些不适应，还面临着许多亟待解决的问题，无论是从理论要求上，还是从实践需求上，都需要科学化、理论化、法制化、人性化等诸方面的规范。因此，作为学生管理工作者，必须加强学生管理工作的科学研究，大胆探索，不断创新，切实把握学生管理面临的新问题、新内容和新特点，努力用新方法、新思路和新手段去适应学生管理的新规律和新形势，使学生管理的理论与方式与时俱进，不断丰富和完善。

第二节 大学生管理的价值分析

一、引导方向

（一）引导政治方向

政治方向是政治立场、政治观念、政治态度、政治品质和政治信念的综合体，是人的素质中的首要因素，决定着人们思想和行为的基本倾向。我们党历来强调在人才培养中必须把坚定正确的政治方向放在第一位。当今世界，随着经济全球化和信息技术的迅速发展，国际政治斗争趋于复杂，西方意识形态的渗透日益加剧。引导大学生确立坚定正确的政治方向即坚持中国特色社会主义的方向，是高校的一项极为重要而又十分紧迫的任务。要实现这一任务，首先要加强大学生思想政治教育，同时，也要加强大学生管理。这是因为，大学生管理的社会属性决定了大学生管理必然具有鲜明的政治方向性并对学生的政治方向发挥引导作用。事实上，我国教育部颁布的《普通高等学校学生管理规定》（2017）年和《高等学校学生行为准则》（2005 年）都明确要求大学生应当"确立在中国共产党领导下走社会主义道路、实现中华民族伟大复兴的共同理想和坚定信念"。加强大学生管理，严格执行大学生管理规定，引导和督促大学生自觉遵守大学生行为准则，加强对大学生的行为尤其是政治行为的管理和指导，引导学生正确行使依法享有的政治权利，防止和抵制各种腐朽意识形态对大学生的影响，及时纠正校园中出现的错误倾向，维护和保障校园的政治稳定和政治安全。

（二）引导价值取向

价值取向是指人们基于自己的价值观在面对或处理各种矛盾、冲突、关系时所持的基本价值立场、价值态度以及所表现出来的基本价值倾向。价值取向决定和支配着人的价值选择，制约着人们思想和行为的方向。现阶段我国市场经济的发展在促进社会生产发展和人们思想观念更新的同时，其盲目性和滞后性也容易诱发人们产生利己主义、拜金主义和享乐主义的价值观念；随着经济全球化的发展和我国国际交往的扩大，西方的各种价值观念也渗透进来。因此，引导大学生掌握社会主义核心价值体系，坚持正确的价值取向，有着尤为重要的意义。鲜明的价值导向是大学生管理的一个显著特点，大学生管理通过坚持和贯彻体现社会主义核心价值体系的管理理念，制定和执行以培养社会主义建设合格人才为根本宗旨的管理目标体系和管理规章制度，对大学生的价值取向发挥重要的引导作用。

（三）引导业务发展方向

引导大学生确定既符合社会需要、又符合自身实际的奋斗目标，明确业务发展的方向，可以引导他们把自己的主要精力和时间投入实现既定目标的业务学习和实践活动之中，从而促进他们早日成才。大学生管理在引导大学生业务发展方向方面的作用集中表现在：通过对学生学习活动的指导，引导学生根据相关专业的要求和自己的兴趣爱好，确定专业学习的目标，从而明确在专业学习方面努力的方向；通过对大学生职业生涯规划的指导，引导学生根据社会需求、职业发展的趋势和自身的主观条件与愿望，确定自己的职业理想，从而明确自己职业生涯发展的方向。

二、激发动力

高校的系统教育为大学生的成长和发展提供了良好的条件，而大学生能否健康成长和全面发展，关键在于大学生自身的主观努力即主观能动性的发挥。社会的发展要求所有的人都努力上进，但终究还要看个人是否努力。因此，要促进大学生的成长和发展，就必须注重激发大学生的内在动力，充分调动他们的主动性和积极性。大学生管理具有显著的激励功能，在激发大学生内在动力方面具有突出的作用。大学生管理对大学生的激励作用，主要是通过以下三种路径实现的。

（一）需要激励

需要是人的行为动力的源泉，是行为动机产生和形成的基础。人的积极性的发挥及其发挥的程度，归根到底取决于其需要能否得到满足以及满足的程度。大学生管理坚持以人为本的管理理念和服务学生的管理原则，关心学生的实际需要，维护学生的正当利益，扎扎实实地为大学生的成长和发展提供各方面的指导和全方位的服务，因而必然会对大学生产生激励作用。

（二）目标激励

人的行为总是指向一定目标的，目标是人们期望达到的成果和成就。

能够激发人的内在积极性，鼓励人们奋发努力。人们对目标的达成满足自身需要的价值看得愈大，估计目标能够实现的可能性愈大，目标的激发力量也就愈大。大学生管理遵循社会发展要求与大学生自身发展需要相统一的原则，科学地制定管理的目标，着力引导大学生根据社会需要和自己的兴趣爱好、主观条件合理地确定自己的学习目标和发展目标，从而对大学生发挥着重要的激励作用。

（三）奖惩激励

奖励和惩罚是大学生管理的重要方法，其目的就是要通过运用正、负强化手段，控制大学生行为结果的反馈调节作用，以维持和增强大学生努力学习和践行大学生行为准则的主动性和积极性。奖励是通过奖赏、赞扬、信任等褒奖形式来满足大学生的需要，使其感到满足和喜悦，从而更加奋发努力的正强化手段；惩罚是通过造成被惩罚者某种需要的不满足而使其感到痛苦和警醒，从而变消极行为为积极行为的负强化手段。大学生管理通过恰当地运用奖励和惩罚，鼓励先进，鞭策后进，从而激励全体大学生奋发努力。

三、规范行为

大学生管理的一项重要任务就是要科学制定和严格执行各项管理规章制度和纪律，以规范大学生的行为，促进其形成文明的行为方式和良好的行为习惯。大学生管理在规范大学生行为方面的作用，主要是通过以下三种路径实现的。

（一）加强制度建设

制度建设是大学生管理的重要内容。大学生管理中的制度建设，就是要依据社会发展要求、人才培养目标和大学生健康成长与发展的需要，科学制定和不断完善各项规章制度，使大学生明确应该做什么、不应该做什么，应该怎么做、不应该怎么做，并引导和督促大学生用于规范自己的行为，逐步形成文明的行为方式。

（二）严格纪律约束

纪律是一定的社会组织为实现组织目标而要求其全体成员必须共同遵

守并赋有组织强制力的行为规范。它是建立正常秩序、维系组织成员共同生活的重要手段，是完成各项任务、实现组织目标的重要保证，因而成为大学生管理中不可或缺的重要手段。在大学生管理中，通过严格执行学习、考试、科研、集体活动、校园生活、安全保卫等各个方面的纪律，以约束和调整学生的行为，并对违纪行为及时作出恰当的处罚，可以有效地引导和规范学生的行为，促进其良好行为习惯的养成。

（三）引导自我管理

自我管理是大学生管理的重要路径。自我管理的一项重要内容就是要启发学生的自觉性和主动性，引导学生自觉遵守管理制度，主动地用体现社会要求的大学生行为准则规范的行为，实行自我约束和自我监督。这种自我约束和自我监督，既表现在大学生个体的自我管理中，也体现在大学生群体的自我管理中。在大学生班级、寝室、社团等群体的管理中，充分发挥学生的主体作用，引导学生在民主讨论的基础上，形成全体成员共同遵守的规章制度，并相互监督执行，不仅有助于营造良好的群体氛围、实现群体的目标，而且有助于提高全体成员规范和约束自己行为的自觉性。

四、完善人格

人格是一个人所具有的稳定而统一的心理特征的总和。通俗地讲，人格就是指一个人的品格、思想境界、情感格调、行为风格、道德品质、精神面貌等等。人格既是个人发展状况的集中表现，也是个人发展的内在主观条件。人的全面发展内在地包含着人格的健全和完善。大学生管理以促进大学生的全面发展为根本目的，因而必然要注重培育大学生健全的人格，以促进他们形成崇高丰富的精神境界、高尚优秀的道德品质、积极健康的心理品格。大学生管理在完善大学生人格方面的作用，主要表现在以下两个方面：

（一）优化环境影响

环境是影响大学生人格形成和发展的重要因素，对大学生的人格具有陶冶和感染的重要作用。"近朱者赤，近墨者黑"，说的就是这个道理。大学生管理在营造良好的校园环境、优化校园环境影响方面具有重要作用。大学生管理通过制定和执行合理的规章制度，建立和维护正常的校园秩序；

通过有效的学习管理和班级管理，促进良好学风和班风的形成；通过对大学生交往活动的管理和引导，优化校园的人际环境；通过对大学生网络活动的管理和指导，净化校园的网络环境；通过对学生社团和学生课余活动的管理和指导，形成积极向上、丰富多彩的校园文化生活环境；通过对学生生活园区的管理和学生日常行为的指导，为学生营造安定有序、文明健康的日常生活环境等等。

（二）指导行为实践

实践是大学生人格形成和发展的基本途径。大学生所接受的各种教育影响，只有在实践中通过他们亲身的体验，才能真正为他们所理解、消化和吸收。大学生行为习惯的养成、实践能力的提高等等，更是自身长期实践活动的结果。因此，大学生管理通过对大学生行为和实践活动的管理和指导，也就必然会对大学生人格的完善发挥重要作用。

五、开发潜能

人的潜能是指人所具有的有待开发、发掘的处于潜伏状态的能力。它包括人的生理潜能、智力潜能和心理潜能。人的潜能是人的现实活动力量的潜伏状态和内在源泉，人的能力的发展，在一定的意义上，也就是开发潜能，使之转化为现实活动力量即显能的过程人的潜能是巨大的，这意味着每个人身上都隐藏着无法估量的力量和潜能。不论是在智力、创造力、情感还是身体方面，人类都有着惊人的潜能等待被发掘。大学生正处于成长和发展的关键时期，着力开发他们身上所蕴藏的丰富潜能，将他们内在的潜能转化为从事社会建设的实际能力和现实力量，是大学生培养工作的重要任务。大学生管理作为大学生培养工作的重要组成部分，在开发大学生内在潜能力面发挥着不可或缺的作用。大学生管理在开发大学生潜能方面的作用．主要是通过以下三种途径实现的：

（一）指导学习训练

学习和训练是开发潜能的基础。只有通过系统的学习和训练，掌握必要的知识和方法，才能使潜能得到正确的、有效的发挥。大学生管理通过对大学生的学习活动的管理和指导，引导大学生确立正确的学习目的，掌握科学的学习方法，不仅可以充分发掘大学生在学习方面的潜能，以提高他们的学习能力，而且可以促进大学生系统地掌握专业理论知识和方法，从而使他们在专业方面的潜能得到开发和发展。

（二）运用激励机制

激励是开发潜力的重要手段。通过激励，可以充分调动人的主观能动性，打破安于现状的消极心态，振奋人的精神，转变人的态度，激发人的兴趣，调整人的行为模式，从而达到开发潜能的目的。而激励则是大学生管理的重要手段。大学生管理运用激励机制，通过引导学生明确努力方向和成才目标，奖励成绩优异、表现突出的学生，可以调动大学生的主动性和积极性，激发他们奋发向上的进取精神，从而促进他们不断地开发自身内在的潜能。

（三）组织实践活动

实践是潜能转化为显能的中介和桥梁。人的潜能，只有在实践中，才能逐步显现出来，得到实际发挥，从而转化为显能。大学生管理通过支持和指导学生的社团活动和社会实践活动活动，鼓励和引导学生的科技服务和科技创新活动等等，可以为大学生提供丰富多样的参与实践活动的机会，使他们的潜能在实践中得到开发和发展。

第三节　现代大学生管理理念分析

大学生管理的基本理念是对大学生管理规律的认识和对实践经验的高度概括，是大学生管理必须遵循的基本指导思想。大学生管理应该坚持人本管理、管理育人、科学管理、依法管理的基本理念。

一、人本管理的理念

理性化和人性化一直是管理发展中的两条重要线索。泰罗及其科学管理理论是理性主义的典型代表，并长期居于管理思想的主流。20 世纪 20 年代至 30 年代以来，随着"人际关系理论"以及"行为科学"的发展，人文主义逐渐占据管理思想的重要地位，人性和个人价值得到普遍认同。人本管理的思想要求在管理活动中，始终把人放在中心位置。在手段上，着眼于所有成员积极性发挥和人力资源的优化配置；在目的上，追求人的全面发展以及由此带来的效益的最优化。

在大学生管理工作中，坚持人本管理理念就是要以学生为本，就是要树立现代学生观，尊重学生的主体地位，促进学生的个性化发展，实现学生的多样化评价。在实际工作中尊重学生的主体性、差异性、丰富性、独特性，把学生当做有血有肉、有生命尊严、有思想感情的人；以学生成长成才为中心，真正尊重学生，理解学生，关心学生，引导学生。

首先，尊重学生主体需求，促进学生成长成才。要区分不同类型、不同层次学生的特点和需求，分层次、分阶段做深入细致的教育、管理和服务工作，建立起帮助学生成长，解决学生困难，方便学生办事，维护学生权益的大学生管理工作体系，让学生受到最好的教育。为此，大学生管理工作必须从学生的需求出发，把工作的需求与学生的成长成才需求紧密结合，把学生的当前需求与长远需求紧密结合，把学生个人的需求与群体的需求紧密结合，把表面的物质需求与深层次的精神需求紧密结合，努力培养德才兼备，品学兼优，知行合一的社会主义建设者和可靠接班人。其次，体现学生的主体参与，实现学生的自主发展。就是要充分发挥学生的主体作用，引导学生参与管理实践，使学生成为管理的主人。学生参与管理的主要平台有学生会、班委会、团支部、社团联合会等学生组织，可以通过学生干部定期换届等方式，努力让每个学生都有机会参与管理。在就业管理、安全管理、资助管理等工作中，也要充分调动学生的积极性，引导学生参与相关政策制定和实施，真正实现管理依靠学生。最后，实行民主管理。推行民主管理，尊重学生的主动性和首创性是人本理念的重要体现。为此，不仅要增强管理者和学生的民主管理意识，更要完善民主选举、决策和监督等民主管理运行机制，畅通民主管理渠道。

二、服务育人的理念

大学生管理说到底就是为大学生的全面发展和健康成长服务，而不仅仅是为了"管"学生，更不能把学生仅看做管理的对象。只有树立了管理就是服务、管理就是育人的理念，才能从根本上转变大学生管理的态度、思路、方法和作风。中共中央国务院《关于进一步加强和改进大学生思想政治教育的意见》（2004 年）明确指出，高校加强和改进大学生思想政治教育是教书育人、管理育人、服务育人相统一的系统工程。要"坚持教育与管理相结合"，要"从严治教，加强管理"，要"建立健全与大学生成长成才相适应的管理制度体系"。要时刻注意把思想政治教育融人大学生管理之中，建立起自律与他律、激励与约束有机结合的长效机制。

（一）要强化服务意识

着力解决学生最关心的实际问题大学生管理涉及关乎学生切身利益的诸多方面，比如学业问题、就业问题、家庭经济困难问题和心理问题等等。管理者要高度重视解决学生的这些实际问题，让学生感受到关怀与温暖，为其接受管理者的教育与引导奠定感情基础。在解决实际问题的过程中，注重和解决思想问题相结合，既办实事又讲道理，坚持管理与教育的结合，做到既关心人、帮助人，义教育人、引导人。

（二）注意管理弹性

实施管理时要注意学生的情感因素，注意制度的刚性和管理的弹性。学生管理是做"人"的工作的，人是有理性、有感情的。无论教育手段多么先进，也不能替代面对面的思想沟通；无论传媒手段多么发达，也不能替代人与人之间的感情交流。正是这种情感作用，才使得管理产生融洽和理想的效果，才能调动学生的积极性和主动性。要考虑每个学生的具体情况，采用学生最容易理解和接受的方式来实现管理。这样才能让学生乐于接受制度规范要求，主动地内化为自己的行为准则，从而形成良好行为习惯和品质。最后，要营造良好的管理氛围。良好的管理氛围不仅要求管理者对学生要真诚、尊重、理解、关怀和信任，同时更要求管理者时刻注重自身形象，把形象育人作为管理育人的重要方式。要建立全员育人的机制，形成全员育人、全程育人、全方位育人的格局。要创造丰富多彩的校园文化，校园文化具有丰富的内涵，对学生有潜移默化的教育和引导作用。通过校园文化活动使学生的业余生活更加丰富，能力得到锻炼，才干得到发挥，素质得到提高；使学生在浓厚的校园文化氛围中，身心愉悦，拓展视野，获得全面、和谐的发展。

三、科学管理的理念

科学管理是 20 世纪初在西方工业国家影响最大、推广最普遍的一种管理思想，其代表人物泰罗被称为"科学管理之父"。科学管理的实质在于将实践积累的管理经验加以标准化、系统化、科学化，用科学管理代替经验管理。科学管理的主体思想包括三方面，一是提高劳动生产率是科学管理的中心问题，是确定各种科学管理原理和方法的基础。二是在管理实践中建立各种明确的规定、条例、标准，使管理科学化、制度化是提高工作效能、达到最高工作效率的关键。三是科学管理不仅在于具体的制度和方法，而在于重大的精神变革。

大学生管理工作中的科学管理，特征是规范化、制度化和模式化，其价值核心在于提高学生管理的效率，强调建立完备的组织机构、详细的工作计划、严格的规章制度、明晰的职责分工、管理的程序化和采用物质激励以及纪律约束与强制。在这种管理方式下，大学生的学习模式、纪律制度、行为准则、运作程序都实现了规范化；信息传递、各项学习生活实现了程序化，最大限度地导引学生接受正确的价值取向，实现管理效能的最大化。为此，首先要用科学完备的制度规范引导人，尊重不等于放纵，没有规矩不成方圆。养成良好的行为习惯是学生成才的重要维度。为此要大力加强大学生管理的制度文化建设，建立科学、人性的大学生管理体制体系。其次要构建平等和谐的师生关系，在师生互动中实现管理的和谐。管理者不应是高高在上的发号施令者，而应是积极的引导者和平等的协商者。管理者要以学生为友，平等地与学生交流，尊重学生的个性，真诚地为学生提供学业指导、生活帮扶和心理辅导。管理者尤其是辅导员老师，要在管理过程中，创造性地展示自己的才华，在与学生交往、交流中实现自己的理想与人生价值，真正做到互为主体、教学相长。最后要建立一体化工作体制机制和运行模式。加强学生工作机构的建设，强化其组织协调功能，理顺学生管理系统各部门、各层次、各岗位的职责权限关系，使管理工作与教学工作、课堂内的管理与课堂外的管理、学院与机关、机关各职能部门以及各管理者之间坚持统一标准，统一的声音，形成合力，互相促进。

四、依法管理的理念

依法管理是依法治国方略在高校的具体体现。大学生管理中强调依法管理，是指大学生管理必须要以法律为依据，符合法律要求。也就是说，大学生管理过程中的决策、计划、组织和控制，都必须纳入法律轨道，不能违法违规。大学生管理坚持依法管理，是大学生管理自身的发展需求。一方面，管理对象发生了较大变化，大学生的维权意识显著增强。另一方面，管理工作面临诸多新情况新问题。比如国家助学贷款违约、学生就业签约违约、在校学生结婚、学生意外伤害或死亡处理、学生心理问题及隐私保护等等。这些新情况、新问题对大学生的依法管理提出了迫切要求。

　　首先，要增强法律意识，加强法律知识学习。新中国成立以来，国家制定了《中华人民共和国教育法》（2021 年）《中华人民共和国高等教育法》（2023 年）《中华人民共和国教师法》（2024 年）等教育法律，国务院还颁布了《中华人民共和国学位条例》（2024 年）《普通高等学校学生管理规定》（2021 年）《教育行政处罚暂行实施办法》（2023 年）等 200 多个法规、规章，基本形成了以《中华人民共和国教育法》为核心的教育法律法规体系。作为大学生管理者，不仅自身要认真学习这些法律条文，深刻理解，做到关键问题心中有数，疑难问题随时查询，同时，还要注意引导学生积极学习各种常用的教育法律、法规和规章，了解自己的合法权利、义务，增强依法维权和依法履行义务意识，养成良好的学法、守法的习惯，为学生适应社会、推动国家法制建设夯实基础。其次，要以法律为准绳，依法制定适用于学校实际的内部具体规章制度。目前，大学生管理的一般性法律法规已经比较健全，但是不同类型、不同层次、不同地区的高校有着不同的学生管理具体实际，需要按照中华人民共和国教育部颁布的《普通高等学校学生管理规定》（2017 年）等法律法规，制定适合学校实际的内部具体规章制度。最后，要严格遵守法律法规。要把对学生的规范管理与对学生合法权益的有效维护结合起来，既严格要求，又要充分尊重和平等对待。尤其是在处理违规违纪学生时，一定要做到事实清楚，证据确凿，使用法律法规正确恰当，处理程序符合相关法律规定。做到不滥用职权，不越权，不以权谋私，公平公正。

第二章 大学生管理制度的发展演变及完善策略

新陈代谢是宇宙间普遍的永远不可抵抗的规律。依事物本身的性质和条件，经过不同的飞跃形式，一事物转化为他事物，就是新陈代谢的过程。学生的成长与社会的政治经济环境息息相关，不同时代的大学生各有特点。大学生的管理也应与时俱进，顺应学生发展变化的时代特征，不断对大学生管理制度进行完善和创新。

第一节 大学生管理制度

一、制度与高校制度

（一）制度

学术界关于"制度"的研究由来已久，早在古希腊城邦政治时期，先贤亚里士多德就针对城邦制度进行了研究，直至如今"制度"依然是学术研究的重要领域，由于"制度"的覆盖面广泛，不同学科和不同学者对"制度"的理解和诠释也各有侧重。"不同学派和时代的社会科学家们赋予这个词以如此多可供选择的含义，以至于除了将它笼统地与行为规则联系在一起外，已不可能给出一个普适的定义来。"对这些从不同角度出发的概念进行梳理分析，可以逐步明晰"制度"的深层内涵。目前学术界对"制度"的理解主要有以下几种代表性观点：

（1）制度是一种思想习惯和生活方式。制度实质上就是个人或社会对有关的某些关系或某些作用的一般思想习惯；而生活方式所由构成的是，在某一时期或社会发展的某一阶段通行的制度的综合，因此从心理学方面来说，可以概括地把它说成是一种流行的精神状态或一种流行的生活理论。他认为制度是"一般思想习惯"和"流行的精神状态"，这一界定是从制度的起源出发的，揭示了"制度"的一部分属性，为后来制度理论的丰富发展奠定了基础。但其定义明显更侧重于非正式制度，思想习惯、精神状态、生活方式确实是制度的起源和雏形，可制度并不仅仅依靠它们而存在，精神信仰、道德规范、社会风俗等都与其息息相关。因此，凡勃仑关于制度的定义并不完整，仅限于对非正式制度的论述，缺乏对制度的整体把握。

（2）制度是集体行动控制个体行动的组织和机构。西方早期制度经济学派代表人物康芒斯在其著作《制度经济学》①中将制度定义为集体行动控制个体行动，这一概念体现了制度的三大特性：第一，强制性，即集体对个体行动的控制力。第二，约束性，集体行动要求个体行动的服从，即是对个体行动的约束和规范。第三，组织性，集体对个体行动的控制反映出制度是集体有组织有策划有安排的活动。与此同时，康芒斯进一步指出"这种运行中的机构，有业务规划使得它们运转不停；这种组织，从家庭、公司、工会、同业协会、直到国家本身，我们称为'制度'。"②这种定义将集体行动控制个体行动过程中的运行机构——组织都看作制度，虽然组织内部包含着各种工作规范、工作程序等制度性成分，但这些组织更多的是作为制度的实施机构而存在，由此看来，康芒斯的定义是将制度泛化了。但是，这样一种定义对于促进对制度的认识和理解也有一定的积极意义。

（3）制度是一种社会互动系统和模式。英国社会理论家吉登斯认为制度是能在时间上延续、在空间上进行人员配置的一种社会互动系统。他认为制度体系与社会结构之间存在着一种互动关系，将宏观层面与微观层面相结合来认识制度。美国政治学家亨廷顿在《变化社会中的政治秩序》③中指出制度是一种具有稳定性、周期性的行为模式。这种观点反映出制度的两大特性，即相对稳定性和规律性，对把握制度的内涵具有一定启发意义。

（4）制度是对行为进行约束的规则或规则体系。德国著名社会学家马克斯·韦伯在《经济与社会》一书中指出"制度应是任何一定圈子里的行为准则"。④制度是公开、普遍认可的行为准则，为社会提供秩序和公正保障。在我国，大部分学者都是从规则和规则体系的角度来认识和阐释制度的，社会制度指的是在特定的社会活动领域中围绕着一定目标形成的具有

---

① [美]约翰·康芒斯. 制度经济学[M]. 赵睿，译. 北京：华夏出版社，2009.
② 同上。
③ [美]塞缪尔·亨廷顿. 变化社会中的政治秩序[M]. 上海：上海人民出版社，2008.
④ [德]马克斯·韦伯. 经济与社会（上卷）[M]. 上海：商务印书馆，1997：345.

普遍意义的、比较稳定和正式的社会规范体系。制度无非是那些人们自愿或被迫接受的、规范人类选择行为的习惯和规则。"这种观点可能更加符合人们的语言表达习惯,一条单一的规定不成制度,制度是系统的规则或规定,这就给制度赋予了一定的逻辑性、组织性和系统性,而不是规则或规定条文的简单叠加。

不同学者出于各自研究的需要,对制度从不同学科不同角度进行了定义,这些定义大多着重关注制度的某些特性,但学者们普遍承认的一个基本命题是"制度是重要的",在此基础上去充分了解不同种类的制度的定义,不仅有利于增强对制度的理解与把握,也能为我们提供一些借鉴意义:首先,制度是规则的集合,规则是制度的核心。制度是人类创造的作用于个人以及个人之间关系的某些限制和约束,对人们的行为进行调整和规范,它在对人们进行制约的同时也给人们预留了自由活动的空间。其次,制度可以是正式的法律法规、规章条令等,也可以是非正式的风俗习惯、行为规范等。第三,制度和组织需合理区分,不能混为一谈。制度是对人与人之间、人与社会之间关系和活动进行规范的基本框架,而组织是在这种框架下产生,为达成某一目标或解决某种问题而存在。组织的产生与发展都必然会受到制度这一基本框架的决定性影响,同时,制度框架的演进也会受到组织发展的影响。最后,制度由人类创造,为人类的交往、交换活动服务,它在具有一定稳定性的同时会随着时代的发展和经济社会的进步而进行适当的调整。

国内学术界多从文化层次理论的角度对其展开研究探讨,一般认为文化是一个包括物质文化、精神文化、制度、行为文化四个层次的复杂系统。有学者认为,制度作为文化的一个子系统,是社会政治生活、经济生活中相关制度和规则的反映,对人们的物质生活、精神面貌、行为习惯产生潜移默化的影响,起到提升民族凝聚力、和谐社会关系的重要作用。者从广义、狭义的角度来探究制度,狭义的制度主要是指具有强制性的法律法规、方针政策、条令章程等显性规则体系的集合;广义的制度是在狭义制度的基础上,还包括人们在长期的社会生活中形成的风俗习惯、道德规范、精神信仰等具有有限约束力和规范性的隐性文化形态。

从育人意义上来看制度,既要考虑人们制定制度的社会环境、价值理念,也要考虑制度执行过程中人们内心所形成的较为稳定的认知与习惯,可以说它是一种来源于制度又超越了制度本身的精神文化成果。它包含着正式的与非正式的、显性的与隐性的、刚性的与柔性的文化形态。制度，无论是从制度管理的角度还是从以文化人的角度来看，都具有极为重要的育人价值。尤其正式的制度作为制度的核心要素，具有显性的、刚性的文化形态，蕴含着明确的价值导向和丰富的育人资源，从而具有了极强的思想政治教育功能。在实现民族复兴的伟大征程上，充分利用制度，特别是正式的刚性的制度，充分发挥其育人功能，使我国独具特色的社会主义制度优势能够更好地转化为国家治理效能，于党、于国、于民都具有积极的时代意义。

（二）高校制度

不同的社会群体有着不同的文化，高校作为重要的教育组织和科研机构，也有着自己的文化体系和文化品位。制度作为高校校园文化体系中最为权威的部分，一直以来，构建和发展高校制度受到国内外诸多高校的重视。但对于高校制度，国内外学术界至今还未能形成一个系统的定义。受制度研究领域的影响，学术界对高校制度概念的界定主要有以下几种：第一种是认为高校制度是高校内明文规定的所有规章制度的总和，即显性高校制度。从制度的内容看，可将制度分为行政工作制度、德育工作制度、教学工作制度、体育卫生制度、后勤管理制度等。

高校制度是蕴藏在规章制度中，高校师生在制度的制定和实施过程中形成的相对稳定的价值观念和行为方式。高校制度是高校在长期的办学实践中逐步形成的一种独特现象，这种制度现象不仅为全体高校师生所认同和遵循，而且是一所高校独一无二的名片，凝结了其特有的大学精神和办学理念；它也是一所高校代代相传的宝贵精神财富，对于学校办学、治校、育人等都具有重要价值。纵观国内外知名高校，无不拥有紧跟时代脚步、彰显不俗品位的特色教育制度。制度有正式、非正式之分，制度亦是如此，建设高校制度应从正式制度开始，高校作为一个正式的文化教育组织，应大力推进科学化、系统化的高校规章制度建设，形成目标鲜明、导向正确的正式高校制度，只有这样才能衍生出健康的非正式制度，身处其中的全体高校师生才能心甘情愿、自觉主动地接受熏陶和教化。

高校制度与高校制度育人不可一概而论。制定出许多规章制度并不意味着高校制度的形成，只有当"高校制度"本身转化为一种"素质文化"时，才能真正成为高校制度，只有当规章制度这种"外在约束"上升为所有高校师生的"内在素质"时，高校制度才算真正发挥了育人的功能。

二、高校制度的管理功能

高校制度具有了引导、约束、凝聚、激励等基本功能，作为更好实现高校立德树人使命的保障，高校制度在承担管理职能的同时肩负了教化管理的任务。由于高校环境的特殊性，高校制度的各项基本功能归根到底是为更好地发挥高校制度的管理功能服务的，因此，高校制度的功能是管理功能，它主要是通过发挥高校制度的引导、约束、凝聚、激励等基本功能对个体的成长发展进行影响和干预来实现的。需要说明的是，高校制度的管理对象比较宽泛，包括学生、教师、领导干部、行政服务人员、后勤服务人员等在内的所有高校师生，而本研究所探讨的高校制度的管理对象主要是指大学生群体。

（一）提供正确的价值引导

要教育引导学生正确认识世界和中国发展大势，从我们党探索中国特色社会主义历史发展和伟大实践中，认识和把握人类社会发展的历史必然性，认识和把握中国特色社会主义的历史必然性，不断树立为共产主义远大理想和中国特色社会主义共同理想而奋斗的信念和信心。我们的高校是共产党领导下的社会主义高校，高校制度承载着中国特色社会主义的主流意识形态，体现着社会主义核心价值观，为不断丰富广大学生群体的精神世界提供了有力的制度保障和价值指引，充分发挥其价值引导、激励、凝聚功能，有助于促进高校思想政治教育时效性的提升。一方面，个人思想道德素质的发展离不开制度的感染和熏陶，高校制度通过对学生思想观念的引导和言行举止的规范，帮助大学生树立正确的世界观、人生观和价值观，潜移默化地对个体的行为习惯和思想道德素质产生正向熏陶和有效提升。同时，面对一些表现相似或容易重复出现的问题，高校制度在其形成发展的过程中形成了一套相对固定的思维模式和处理方案，这在一定程度上能够减少或缓解高校思想政治教育工作中由于价值观念和思维方式不同而引起的各种冲突和摩擦，防止出现价值观念紊乱、指导思想偏差等问题，确保高校沿着社会主义先进文化的发展方向大步前进，"为学生点亮理想的灯、照亮前行的路"。高校制度管理具有软硬结合、刚柔并济特点，以保证其管理功能在社会主义核心价值观的指导下充分发挥。

（二）创造良好的管理环境

高校制度主要从合理配置教育资源、提升校园文化品位和提升高校治理效能三个方面入手，充分发挥其各项基础功能，为管理活动创造了良好的校园文化环境，充分保障了其管理功能的有效发挥。首先，每一所高校的硬件设施和师资力量是高校办学的基础和前提，但每一所高校的实际情况不同，这些教育资源的利用效率也各有高低。高校制度能很好地将校园内部的人、财、物按照一定的比例和原则组合起来，实现人尽其才、财尽其利、物尽其用的最优配置，使高校有限的教育资源得到合理配置、合理利用。其次，高校制度以主流精神文化为底蕴，以物质文化为载体，以行为文化为表现，可以营造一种潜在的、弥漫于整个校园的文化氛围，充分发挥其引导、激励功能，潜移默化地影响着广大学生群体的价值选择、思维方式、道德水平、学术品格等，从而能够有力地提升高校的整体文化品位。第三，高校制度是学生日常生活中的重要组成部分，离开了高校制度，校园人心不齐，凝聚力不足，高校就会变成为一盘散沙。相较于单纯的使用硬性制度来治校，制度具有"人文主义"的色彩，更加关注人的存在，尊重人性发展的多样化和人的自我实现需求，良好的高校制度可以使得所有高校师生建立共同的愿景和价值追求，从而不断提升高校的治理效能，为思想政治教育提供良好的管理环境和文化氛围。

（三）促进学生的全面发展

发挥高校制度的管理功能，促进学生全面发展，是提升高校治理效能、打开我国高校思想政治教育工作新局面的重要工作抓手，更是增强国家文化软实力、实现中华民族伟大复兴的重要环节。高校的立身之本在于立德树人，因此必须牢牢抓住全面提高人才培养能力、促进学生全面自由发展这个核心点，并以此来带动高校其他工作。高校制度主要从知识教育、人格培育、行为规范等方面入手，发挥其管理功能，促进学生实现全面发展。首先，高校制度通过相关规章制度来严格把控高校的教育教学工作，促进教学活动的质量提升，帮助学生打牢知识和技术基础，不断提高其科学文化素质。然而，人才的培养也不应局限于知识与技能的简单传授，还要重视人才培养的全面性和系统性，高校要致力于培养具有良好人文素养、道德品质、学术精神和文化气质的高素质人才。所以，高校制度发挥其管理功能时必须坚持以大学生全面发展为目标，深入推进素质教育，在提升学生科学文化素养的同时带给学生更广阔的视野、更丰富的情怀、更深沉的历史感、更强烈的社会责任感，赋予学生独立的人格和独特的气质。理论离开了实践就会成为无源之水、无本之木，无论多么正确的办学理念，多么美好的管理憧憬，如果不能真正落实成为学生的道德行为，那它终究只是空中楼阁，昙花一现罢了。因此，高校制度管理必须重视对学生行为进行约束和规范，使其将高校制度的价值观念和管理要求内化为个体的思想道德素质，实现自我教育和自我完善，这样才能真正把学生培育成德才兼备、全面发展的高质量人才。

三、大学生管理制度的功能

大学生管理制度既是促进高校发展的一个重要因素，也是大学生管理工作的标志性成果。制度的优劣对高校发展的影响巨大，很多高校在发展中存在的困境，不仅在于经费的医乏，更表现为优良制度的缺失。大学生管理制度对大学生管理工作的开展主要具有以下功能。

（一）大学生管理制度在学生管理工作中的协调与规范功能

民主科学的大学生管理制度，对于大学生管理工作具有重要的协调规范功能。大学生生活在社会大系统中，也生活在各种关系中，如与社会、家庭、学校、班级的关系和与各种组织、群体、个人的关系等。而要处理好这些关系，除大学生自身努力外，需要发挥大学生管理制度的协调功效，这样才能创造出良好的学习氛围。规章制度可以使高校管理者和教育工作者的各项管理职责分明。大学生管理是高校管理的一个组成部分，大学生管理制度是高校的行政法规，是学生的行为规范，是维护和稳定学校教育教学秩序的重要保证。《普通高等学校学生管理规定》，对大学生从入学、注册、考核、成绩记载、纪律考勤、体学、复学、退学、奖励、处分、毕业、结业与肄业等各方面的管理都作了相关规定，各高校根据国家教委有关规定，结合高校自身实际制定大学生管理制度。制度订立后，首先应向学生进行讲解，然后组织学生进行学习讨论，最后执行，力求通过高校制度管理中的措施，形成严谨有序的生活秩序和学习环境，形成必要且合理的压力，使学生产生一种奋发向上的动力。大学生

管理制度设立的目的不是为了"限制""惩罚"学生，而是为了指导学生的学习和成长，鼓励学生在成长的基本轨迹上不断前进。这既体现了党

和国家的教育方针、政策，督导学生努力学习奋发向上，保证培养目标的实现，又维护了广大学生的学习权利和切身利益。由此可见，大学生管理制度不仅是大学生管理工作中一种重要的教育手段，也对于促进学生身心健康发展和激励学生早日成才具有重要的协调和规范功能。

（二）大学生管理制度对学生发展的导向功能

大学生管理制度致力于为大学生打造积极向上的内心世界服务，同时缔造一个安定和谐的外部环境，用来支持专业教育的顺利实施。高校的办学理念对高校的发展影响巨大，从观念层面决定了一所高校的发展方向和办学策略，这种决定作用虽然是深层次的、内在的，但是也具有一定的间接性。理念要从思想变为行动，转化为物质力量，还必须借助制度所特有的中介作用。制度有助于促进思想与行为之间的相互转化。制度安排是特定组织内在精神与理念的外在表现形式，同时，它反过来又培育和营造了组织内部所特有的文化氛围，进而内化为组织中个体的精神人格、价值诉求、信念和行动取向，例如对大学生进行成才教育，使他们端正学习态度，树立正确的学习规律，努力完成自己的学业；又如结合班级管理制度，依靠班级活动，向学生进行集体主义教育，让学生正确处理个人与集体的关系，自觉遵守班级的各项规定，培养学生的集体荣誉感，促进班级各项工作的顺利开展；再如结合学生生活管理制度，对学生进行德育教育，使他们树立艰苦奋斗的观念，养成健康的生活习惯，遵守公共生活的准则；再如结合学生违纪处分制度，对学生进行适当且生动的法律教育，使他们从违纪案例中吸取教训，实现遵纪守法。对于违纪的学生，在严格执行校纪的同时，要认真做好违纪学生的思想引导工作，帮助他们真正找出犯错误的根源，帮助学生改正错误，使学生成为适应社会发展需要的人才，这是教育与管理相结合的具体表现。

党的教育方针对学生的成长成才是一种需求和一种引导的规定性。教育要为国家培养出具有实践能力和创新精神的复合型全面人才，这应当成为学生努力奋斗的方向。但是，要将这一目标变成学生的积极行动，为了实现这一切，必须有各种制度作为保证。教育方法更能体现党的教育方针，导向功能更强。在当下，高校的管理人员集中精力搞教育，为学生成才创造了宽松的环境，这是党的教育方针在高等教育领域的具体表现。要实现目标，其根本也在于有制度作为导向。并且为了有效弥补改革给学生管理带来的不便，依然要靠制度来制约。所以说，大学生管理制度对学生发展具有导向功能。

（三）大学生管理制度对于大学生的服务功能

大学生管理工作的主要功能是服务，大学生管理制度的建设则无疑要为学生在校的学习生活做好服务工作。大学生管理制度侧重于为学生的成长和成才创设良好的氛围，提供保障和支持，以促进学生在社会、职业、情感、道德、精神等方面的发展，从而完成直接服务于高校培养人才的使命。大学生管理制度规范、指导、服务于大学生学习和生活的方方面面：设立导师制度，明确导师的职责是指导学生的大学学习理念和方法，服务于学生学习需要，配合班主任开展学生工作；设立学生党建工作制度，按照党章的指导，联系实际细化党支部活动的内容和形式，制定预备党员培训措施，完善学生新党员培养、审查和批准程序；设立班级管理制度，组织制定新生年级的班级公约、文明规范、综合测评规定、班级干部职责规定、寝室公约等管理规定，从制度上保障良好班风的形成等。

大学生管理制度不仅为大学生成长成才提供了制度层面的保障，同时在维护学生权益等方面有着不可忽视的作用，为其身心健康发展提供了必不可少的支持。在大学生管理制度的设计中，在兼顾以"以人为本"为引导与充分发展和尊重大学生个性发展的同时，也要增强学生管理的弹性和柔性：尊重学生的个性发展；给予学生自主学习的权利；给予学生选择教师、专业和学习方式等各方面的自由，尽可能满足学生个性化和多样化学习的需要。用制度的方式推动服务行为，引导学生自觉地沿着信仰、理想、审美的方向前行，真正做到服务学生，使学生能够自我管理，从而提高管理效率。

（四）大学生管理制度的思想政治教育功能

自《普通高等学校学生管理规定》发布以来，在高校的学生管理工作中，将大学生管理制度的构建和完善应用到大学生管理工作和思想政治教育工作之中，教育者运用制度的法制约束力，并通过思想政治教育晓之以理，通过学生管理引导和规范学生的行为，充分体现了大学生管理制度的重要作用。在大学生管理制度的保障下，思想政治教育才得以卓有成效；在思想政治教育的影响下，大学生管理制度才切实发挥作用，使学生管理工作立竿见影，可见，大学生管理制度和大学生思想政治教育是相辅相成的辩证关系，两者的协调发展保证了高校培养目标得以实现。

大学生管理制度在思想政治教育中的功能，包含以下几个方面。

（1）导向功能。大学生管理制度能够引导大学生树立正确的世界观、人生观和价值观，明确思想政治教育的基本要求，将大学生的思想行为引导到符合社会要求的正确方向和轨道上来。

（2）规范功能。大学生管理制度通过制定各种规章制度和行为准则，明确大学生的行为规范和道德标准，约束大学生的言行，培养良好的行为习惯和道德品质，使大学生在日常生活中做到遵纪守法、遵守校规校纪，养成良好的思想道德素质。

（3）激励功能。大学生管理制度中的奖励机制可以激励大学生积极向上、争先创优，形成良好的学风和校风。同时，对于违反规章制度的行为进行相应的惩罚，也能够起到警示和纠正的作用。

（4）熏陶功能。大学生管理制度中的各种规章制度和行为准则，不仅是对大学生行为的约束和管理，也是对校园文化的塑造和传承。通过落实大学生管理制度，可以营造良好的校园文化氛围，陶冶大学生的情操和品格，增强大学生的归属感和集体意识。

（5）督导功能。大学生管理制度中的各种监督机制可以及时发现和解决大学生中存在的思想问题，防止不良思想行为的扩散和蔓延。同时，对于大学生的思想行为进行跟踪和记录，可以为大学生的思想政治教育提供科学依据和参考。

因此，在大学生思想政治教育中，应当充分发挥大学生管理制度的思想政治教育功能，促进大学生的全面发展和健康成长。。

（五）大学生管理制度对于依法治校促进功能

大学生管理只有通过法治化的形式，实现人文与法治的建构和对接，转换为一种规范化、制度化、程序化的法律保障，才能真正保护学生的合法权益，实现其教育功能。

根据《高等教育法》的规定，高校具有法人资格，在民事活动中依法享有民事权利，承担民事责任。因此，高校一方面要明确自己的法人地位，懂法守法，依法办事，用法律保护学校权益。另一方面也要积极实行民主化、法制化管理。管理具有一定程度的强制性特点，因此必须以大学生管理制度为方法，对学生进行严格管理，才能使学生自觉服从学校管理，例如学生中的旷课、考试作弊、打架斗殴等不良行为，无论多么深刻的思想教育，都会有极少数学生漠视校纪校规，屡教不改，这些学生在学生群体中形成了不良的影响，损害群体利益，因此思想教育不是万能的，必须辅以严格规定管理学生而，管理制度是有形的教育方式。近年来，我国高等教育法制建设的步伐明显加快，作为高等教育法律体系重要补充的大学生管理制度，必然需要适时作出调整，以便与国家法律、法规和行政规章制度的"立、改、废"保持一致，以此保证与法律体系的协调统一性，改善高校的法制环境，保证法律、法规和行政规章在高校的贯彻实施。所以，要真正实现依法治校，必须加强高校管理的制度建设，建立一个统一协调、体现法治精神的规章制度体系。

四、大学生管理制度的原则

大学生管理制度并不是一成不变的，在其发展过程中需要遵循一定的原则来指导和完善制度，使其适应于大学生管理工作并真正为大学生管理工作服务。在把握大学生管理制度概念和内涵的基础上，认为在大学生管理制度构建、改革和实施过程中应遵循以下原则。

（一）坚持以学生为本的原则

学生是学校的主体，以学生为本是大学生管理制度的核心原则，强调在大学生管理制度的构建和实施中要始终把学生的利益诉求放在第一位，要在规章条款和奖惩措施等方面细致入微地为学生考虑，能够通过大学生管理制度的规定和实施切实地解决学生所遇到的具体问题和困难，能够与大学生管理工作相结合，起到人文关怀的作用。以学生为本的原则强调学生的主体性地位，主张通过制度激励广大学生参与到学生管理工作中来，让自我管理成为管理的前提。大学生管理制度的制订要充分征求学生的意见，考虑学生的需求，从而体现"以学生为本"的管理原则。现阶段我们正处在改革开放的重要时期，这是一个矛盾和机遇并存的时期。

高校中时刻存在一些不安定因素，比如后勤服务、安全问题、心理教育等各方面问题。管理中的薄弱环节也增加了工作的难度，部分高校由于后勤管理服务不到位，办学不规范等问题导致学生突发事件有逐渐增长的趋势。日益增多的学生出现心理问题，而学生的安全稳定与否势必会影响到学校的教学秩序。因此，学生的安全、纪律和心理教育作为高校管理工作的重头戏摆到了议事日程上来。这些需要从事学生管理工作的领导、辅导员、教师、后勤服务人员等在制定管理制度中，充分考虑到学生的实际情况，让学生们参与到制订规章制度工作中来；学生也要熟悉这些制度的制订过程，尤其是要熟悉突发事故的应急处理程序。学生的安全法规意识得到提高，就会有备无患。只有做到为学生着想，才能成为一名合格的学校管理工作者。遵循以学生为本的原则，通过大学生管理制度营造一个平等、宽松、和谐有序的氛围，让学生管理工作真正做到能够为广大学子排忧解难。

（二）坚持公平公正的原则

正义和公正是制度人本性诉求的核心价值，是大学生管理制度所必须坚持的原则。大学生管理制度的建设，不仅关系到大学生管理工作的开展，更关系到大学生的切身利益，它不仅制约着学生在学习和生活中的各项行为活动，更是学生维护自身权益的基本手段。高校创建学生管理制度的目的之一，是为了维护国家、学校、家庭、大学生个人乃至具体到用人单位的根本利益，完成教育任务，实现教育理想，所以大学生管理制度的设计应当体现对以上几方权利、义务和责任的合理分配与承担，遵守或违背公平公正原则的行为，应当在制度中予以承认或者否定，予以认可或追究，换言之，制度中的所有规定，都应当做到"合情、合理与合法"。

制度公正可以规定为"以权利与义务为核心的人们之间的相互关系在现时代的合理状态，是公民在平等基础之上的权利、义务、责任的统一"。这是制度建设的核心问题。如果制度环境公正，就会使学生心悦诚服，相反，制度构建和实施中不公正，就会使秩序动荡，不能为学生营造一个和谐的环境。比如有的高校对学生干部规定，根据学生工作职务高低在德育测评中予以加分，学生干部只能说明学生在学生集体中的角色，并不能说明其道德的好或坏，这是一种"官本位"思想，对普通学生是不公平的；再如有的高校对考试违纪或作弊的学生，剥夺其重修的权利。大学生管理制度的制定和实施过程中，必须坚持公平公正原则，保证学生的权利，发挥制度的实际功能。只有让学生感受到学生管理制度的公正性、正义性，并认同管理制度，才能将学生的行为引导到正确的轨道上来，真正让大学生管理制度的制定有意义。

（三）坚持依法治校的原则

高校在制定学生管理制度时，要以制度的合法性为前提。高校在行使管理权、惩戒权时应当严格遵守以法律为准绳、以事实为根据的原则。大学生管理制度是高校为了维护正常的生活和学习秩序，依据国家的法律法规政策，对在校学生制定的一种具有约束力的，要求所涉人员必须共同遵守的事务文书。根据《中华人民共和国教育法》和《中华人民共和国高等教育法》的规定，高校有权制定本校的内部管理规章制度，但是在制定制度时，不能逾越法律的规范，要把握法律的原则和精神，若与相关法律产生矛盾冲突，势必导致高校管理学生的行为欠缺法律依据，学生管理工作过于随意，不利于教育目标的实现。大学生管理工作必须将法制原则融入到对学生的各项管理之中。大学生管理制度的合理性直接影响到校园的和谐，如果学生管理制度过于宽松，就不利于良好风气的形成，不能体现校园的和谐；如果过于严格，义务性或禁止性规范强调过多，过分的对学生管制和约束，必然会压抑学生的自主性，从而淡化学生的基本权利。因此，高校制定的管理制度只有在法律的规范内，并且不与法治精神相矛盾的前提下，才能在制度的实行中，使其真正为大学生管理工作所服务，提高管理的效率，减轻管理的负担。

（四）坚持激励、约束相结合的原则

对学生的教育管理应当坚持以激励为主、处罚为辅，不仅要对学生行为进行制约，更要对学生的思想加以引导，坚持鼓励与约束相结合，充分发挥大学生管理制度的功能，促进高校和谐发展。和谐校园的构建需要学生自主意识的觉醒，从这方面来说，大学生管理制度建设应该以调动和激发学生的积极性为立足点，充分肯定大学生在个性发展中的主体地位，在通过制度约束保证其身心和谐、发展等不受损害的前提下，引导大学生进行自我教育、自我服务和自我管理。高校在建立和健全制度时，应力使制度成为学生行为的根据，充分发挥制度管理的鼓励导向作用，实现学生从被动接受到主动自我教育、管理和服务的转变，这是构建和谐校园的学生管理工作的理想目标。大学生管理制度是学生参与到大学生活中的保障，也是最起码的制度约束，合理的制度在对学生行为起到约束的同时，更能使学生在思想上认同和拥护制度的精神，这就要求高校管理者对不良行为和现象制定约束措施时一定要尽量防范，不要遗漏问题点，同时对问题点

要分清轻重和处理权限，对危害集体的行为一定要态度鲜明、措施明确，要给予相应的处罚，起到教育警示作用，约束学生行为，保障学生生活学习秩序；同时也要相信学生、爱护学生、鼓舞学生，激励大学生争优创先、奋发向上，特别是要鼓励大学生进行自我教育、自我管理、自我监督、自我服务、自我发展。大学生管理制度在遵循约束与激励相结合原则时，要注意结合校情，高低要适当，目标过高容易挫伤青年学生进取的信心，目标过低，则失去激励的意义。

（五）坚持民主化、程序化的原则

坚持民主化、制度化原则来创建大学生管理制度不仅是现代民主政治发展的时代要求，也是实现高校人性化、法治化管理目标的要求。高校管理者应动员更多的师生参与到制度建设中去，用公开透明、少数服从多数的管理方式决定管理目标与要求，能够使制度深入人心，得到大家更好地理解、认同与执行。无论是条款的提出、讨论、表决、通过还是公布，都要遵守民主的原则，因为民主参与和信息公开是促进学生自觉遵守校规的最好方法。在制定学生管理制度的过程中，要允许学生参与制定过程，充分体现学生意见和建议；在校规校纪的内容上，应当制定明确、操作性强的条款，如学生评优程序等。

在制定学生管理规章制度的过程中，往往都是由学校单方面制定，导致管理者和被管理者的权利和义务设定严重失衡，尽管在法律上，学生没有参与校规校纪制定的权利，但从民主管理角度出发，应当让学生参与讨论制定与学生生活密切相关的校规校纪，这样可以使学生意见和建议通过正当途径得以表达，在制度实施过程中，得到学生的支持，减少实施的阻力，提高学生遵守校规校纪的自觉性。大学生管理制度程序化要求严格依照调研、起草、清理、论证、修改、审议、公示、通过、备案、公布等程序进行制度建设，确保制度的完善与科学。在依法治校的前提下，高校拥有在其特定职能范围内自主管理、自定规章的权利，但同时，在构建大学生管理制度的过程中，学校必须坚持并维护这些程序的公正实施，这样才能保障大学生管理制度的实效性。例如，有些高校规定一些模糊的条款，而这些条款将高校置于支配地位，迫使学生处于从属地位，增加了惩戒权行使的不可预测性，使学生无规律可循。在制度构建中没有遵循民主和程序化原则，学生无法预测违反校规所要承担的后果，因此要维护大学生管理秩序，制度的规定应当尽可能科学、具体，并且增强适用性。

五、大学生管理制度存在不足

制度反映了一所高校的整体精神状况和治理水平。其蕴含的规范价值、治理价值和育人价值是维系一所高校正常秩序的重要保障。高校制度不是一朝一夕形成的，需要长期的实践和积累。相比于国外很多高校，我国关于高校校园文化建设的研究起步较晚，且多侧重于物质文化和精神文化建设方面，对高校制度的研究相对薄弱，大学生管理制度也存在着一些问题与不足，需要进一步健全与完善。本书通过对学术界已有成果的梳理归纳，认为，当前大学生管理制度主要存在思想认识不深刻、制度体系不完善、育人载体乏力三个方面的问题。

（一）高校制度建设理念存在误区

道德的、正义的制度供给是大学生管理制度的基本前提。如果高校制度建设缺乏正确的指导思想和建设理念，那么它从一开始就会偏离道德和正义的方向，这样的制度也就失去了其应有的育人价值和育人功能。当前我国高校制度建设也存在着一些理念认识方面的误区，只有找出这些误区才能进一步深化认知，为大学生管理制度提供正确的价值指引。

1. 依法治校意识有待提高

依法治校是对传统"人治"的颠覆与取代，是建设优质高校制度、提升管理制度效能的思想基础。虽然不少高校从领导到教职员工乃至学生群体，都形成了一定的法治观念，但不可否认的是，在依法治校方面仍有值得改进和提高的空间。

首先，依法治校未真正成为高校治理决策的常态。目前我国很多高校都在推进依法治校，也取得了一些成绩，但依法治校也只是受到了一定程度的重视，在思想理念上并未形成比较稳定的常态机制。高校内部治理出现滥用职权、违法乱纪现象，归根到底是因为治理决策过程中没有形成稳定的依法治校的理念和意识，因此，大学生管理制度应首重理念，依法治校必须成为常态。

其次，少数领导干部缺乏法治信念。从媒体报道的诸多落马官员案例中，不难发现，高校的主要领导也占有一定比重，这些高校的领导干部学富五车、见多识广，本应是学生的榜样和楷模，但是由于其没有法治观念，缺乏法治信仰，坚持人治优先，目无法纪，给党和人民的事业造成了巨大损失。他们本身就不守法，所以在工作中也就不可能扎实推进依法治校，作为高校的领航员，掌管智慧之巅，没有法治信仰，如何能做好高校制度建设工作、发挥管理制度功能？高校又将被其牵引至何方？所以，大学生管理制度的首要要求就是所有高校师生尤其是高校主要领导干部要树立法治观念，使依法治校成为思想常态和价值遵循。

2. 以人为本观念有待强化

高校制度以精神文化为底蕴，发挥育人功能的同时也丰富着学生的精神世界。高校最为重要的使命就是立德树人，为促进人的全面发展而服务，因此，人本精神是高校存在、发展的灵魂。马克思主义认为，"每个人的自由发展是一切人的自由发展的条件"[①]，人本精神核心是以人为本，重视人的尊严和价值，强调人的自由的、全面的发展。在大学生管理制度的过程中，人本精神主要表现为以教师为主体、以学生为中心，在教学、科研、管理中贯彻以人为本的观念，促进学生全面发展。当今世界是一个开放化、多样化的世界，人们的价值观念也呈现出多元化的特点，高校校园作为文化传播的重要场所，也受到了各种社会思潮和价值观念的影响。当下一部分高校人本观念缺失，功利思想、实用主义倾向较为突出，在高校制度的建设过程中未能以高校师生根本利益出发去营造一个自由发展、全面发展的制度环境。如，一些高校重科研轻教学，科研成为了教师的第一关切，教书育人反而得不到应有重视；有的学校将职称评定、福利待遇等与论文发表挂钩，导致一些教师丧失知识分子应有的学术品格，急功近利，三两天就能"制造"出一篇文章，学术不端行为屡见不鲜，有这样的"榜样"和"模范"，学生又如何能形成良好的学术品格和道德素养，实现全面而自由的发展呢。又如，某些高校奉行就业至上理念，学校各项工作以学生就业为导向，社会短期需要什么就"培养"什么。这种实用主义的动机，必将破坏人才培养所需要的自由氛围和创造空间，降低人才培养的质量。诸如此类的思想和行为，都是不符合高等教育的规律和人才培养的规律的，长此以往，整个校园将会失去应有的活力与生机，不良风气会弥漫整个校园，以人为本也会成为一纸空文，陷入难以彰显的尴尬境地，最终扼杀学生的积极性和创造性，使高校立德树人工作难以为继。

---

①卡尔·马克思，弗里德里希·恩格斯. 马克思恩格斯全集（第1卷）[M]. 中国中央编译局，译. 北京：人民出版社，1956：294.

3. 特色发展理念有待提升

一所高校的办学理念反映着高校的特色和追求，是高校制度的灵魂，为管理制度提供了价值指引。2019 年中共中央国务院印发的《中国教育现代化 2035》明确提出要"建立完善的高校分类发展政策体系，引导高校科学定位、特色发展"。特色发展已成为中国高等教育现代化的重要战略部署，因此，在大学生管理制度过程中必须深度挖掘高校的特质与长项，提升高校对于自身特色文化的自觉和自信，使其更好地指导大学生管理制度工作。但当前高校制度建设过程中，不少高校并未重视和坚持特色发展理念，一味的模仿某些知名高校，导致高校制度建设存在严重的同质化倾向，千校一面，很难真正反映出每所高校的办学特色和目标定位。一方面，制度内容雷同。制度作为高校制度的生成基础，制度的雷同必然导致由其生成的制度缺乏特色。北京大学、中国人民大学等成为了人文社科见长的高校制度建设的模板，清华大学、武汉大学也被诸多理工类高校竞相模仿，更有甚者，某传媒类院校近乎复刻般的模仿中国传媒大学的制度。另一方面，人才培养目标的雷同。世界上没有完全相同的两片树叶，任何事物都应该具有自己独特的色彩，高校的人才培养目标更应如此。高校是立德树人的文化教育阵地，人才培养是一个挖掘学生潜力、彰显高校特色的过程，不应该出现教师技师化、教学车间化、学生产品化等丢失教育本质属性的行为。哪怕是两所相同类型的高校，各自也拥有不同的历史文化、地域特征、习惯传统和组织结构，需经过深入调研和分析，形成各有侧重、独具特色的办学定位和人才培养目标。因此，高校必须树立特色发展理念，提升制度的个性和实用性，使大学生管理制度具有明确的方向性和路径指引。

（二）高校现有制度体系有待优化完善

大学生管理制度的重要环节是在内外张力作用下对现存制度的调适，使其更适应高校的发展需要和人才培养目标。从目前发展情况来看，很多高校现有制度体系还有提升与完善的空间，需要对其进行合理的规划，在提升其科学性和权威性的同时也要注重制度的贯彻落实，使高校制度的建设成果得以传承延续，切实提升高校的治理效能和高校制度的育人效果。

1. 现有高校制度体系缺乏合理规划

任何工作都应当对未来有一定的设想和规划，从而明确行进方向和工作重点。高校制度体系建设兹事体大，如果随意为之，极易造成资源分配不均、畸轻畸重的现象，对高校治理效能和育人效能的提升来说，是非常不利的。

　　当前高校制度建设最为主要的问题在于各个高校内部缺少一部类似《中华人民共和国立法法》的纲领性文件，这会导致高校规章制度的制定缺乏统筹规划且无法可依。从现实情况来看，绝大多数高校规章制度的起草都缺乏顶层设计和系统思维，很多高校的制度制定成为了一种应急性行为，今天这里有问题，就针对这里进行立法，明天那里出纰漏，就针对新问题出台新制度。这就使得高校制度制定成为一种灭火器，不系统、不规律，十分凌乱。

　　高校制度的制定程序不够规范严谨。少数高校领导者认为高校制度的制定属于高校内部治理事项，高校决策层享有决定权，如果需要可以随时立法，从而忽视了调研和论证的重要性。这也就造成　部分高校制度是自上而下制定出来的，是领导个人意志的体现，有违甚至是背离广大师生群体的情感需要和利益诉求。同时，随着领导的更新替换，这些规章制度也会面临修改、取消或重新制定的现实，造成规章制度之间的不连续和不稳定。制度是高校正常运行的重要保障，制度的制定必须要有合理规划，明确的制定主体，经过调研、论证、起草、发布等程序，做到规范严谨、未雨绸缪，而不能随心所欲。

　　高校制度的制定主体相对混乱。高校体系庞大，部门众多，其日常管理活动涉及方面较多，但高校少有关于制度制定主体的说明或规定，哪些制度应当由学校制定，哪些又应该由具体的职能部门制定，都没有相关依据，从而导致了政出多门甚至相互矛盾的情况。

2. 高校制度体系的科学性有待提高

　　高校制度总体数量是比较庞大的，但就是在这样庞大的制度体系下，仍有一些问题有待优化健全。

　　首先，良好的制度体系应当是协调统一的，不应该存在明显的矛盾和冲突。但从文献查找的情况来看，当前我国高校制度体系内容还不健全，不能涵盖高校工作的各个方面，有些方面的管理还存在无章可循的情况；此外，部分高校制度内容上也存在着矛盾和冲突的地方，如不同职能部门制定的制度之间相互冲突、同一部门先后制定的文件之间内容不一致，更有少数高校内部的规章制度存在与"上位法"不一致的情况。

　　其次，我国高校制度文本的质量参差不齐，高校制度表达的精细化、准确化程度有待提高；职能部门缺乏专业的支持，高校的法律顾问、专业教师、心理咨询部门等未能在制度建设中发挥应有作用，立法的整体质量水平有待发展。

最后，制度不配套问题也很突出。通过对部分高校规章制度的查阅，发现部分高校一些抽象笼统的原则性规定由于没有相应的操作细则和实施办法，最终只能成为一纸空文，无法有效贯彻落实。高校制度的科学性至关重要，稍有欠缺便会削弱整个高校制度体系的权威性和严肃性，从而降低学生的制度认同和制度自信，长此以往，会造成有法等于无法的负面效果，对大学生管理制度功能的发挥产生限制和阻碍。

3. 已有制度建设成果未能落实到位

绝大多数高校虽然都在形式上制定了自己的制度体系，如，教育教学制度、人才培养制度、科研管理制度、人事制度、财务制度、后勤保障制度等，但这些规章制度的贯彻落实情况却不尽相同。一些高校比较重视制度的贯彻落实，要求各部门、院系严格执行。但也有一部分高校则对规章制度的落实情况不够关注，主要表现在两个方面：一是忽视对已有制度成果的传承延续。有些学校制定的很多制度一经制定就不再更改，无论社会经济发展状况和学生需求如何变化，仍旧稳如泰山，岿然不动。另一种极端的情况是制度没有任何延续性，自出台后几乎是年年修改，根本没有延续性和一贯性可言。可想而知，这样要么不变，要么年年变的制度如何能生成系统化、稳定化的高校制度，如何能起到教化育人的作用。第二个表现是部分高校存在"说一套，做一套"的情况，一些制度制定出来之后就被弃置一旁，形同虚设，执行力较弱。部分高校职能部门出于各种原因，在实际操作过程中，将一些规范性文件和制度弃之不用，仍然按照自己的习惯和想法实施相关行为，"人治"仍占据其思想和行为的主导。这一问题在教学科研、人才培养、国际交流等方面均有体现，在高校中具有一定的代表性和普遍性。如何增强高校制度的执行力，使高校制度的建设成果得以传承延续，这也是完善高校制度体系，推进管理制度的重要环节。

（三）管理制度载体功能发挥不足

如何让高校制度对学生起到精神教化和文化涵养的作用，实现制度的入脑、入心是提升大学生管理制度效能的核心和重点。虽然目前很多高校认识到了制度的育人功能和价值，但由于制度基础不完善，认识不够深入以及固有思维的限制等因素，制度虽然受到了重视，但制度的建设却难见起色。部分高校管理者未能清楚地认识到制度与制度的差异，误以为制度建设就是制度建设、制度管人就是管理制度，导致大学生管理制度活动原地打转，依然局限于日常的课堂管理、学业管理、行为管理之中，管理活动成了管理制度的仅有方式，制度的修改、增补则是管理制度的主要途径。

　　大学生管理制度是一项系统工程，不能仅仅依靠管理和约束学生的行为举止来实现，还需要开发各式各样、各有侧重的管理制度载体。值得注意的是，在高校内，班级是学生的第一归属，无论是知识学习、评奖评优等许多事务都以班级为单位进行，班级自治已然成为学生自我管理、自我建构的重要方式；除此之外，共青团在大学生的日常学习和生活中也占据了重要的地位，对大学生的思想引领和人才培养发挥着重要的作用；除了班级和共青团，各种各样的学生社团也为学生的课余生活增添了许多乐趣，对学生的成长发展也有重要的影响作用。如何发挥班级、共青团、学生社团等物质载体的作用，增强学生对高校制度的认同感和自信心，使其成为大学生管理制度的有力载体，也是当前高校思想政治教育工作的重点内容。高校制度要想取得良好的效果，必须采用学生喜闻乐见的教育形式，通过丰富多彩的实践活动和教育平台将高校制度传达给广大学生群体，使高校制度的核心内容与育人载体实现深度融合，形成管理制度的联动机制，契合协同育人的思想政治工作要求，更好地实现大学生管理制度功能发散，促进其育人效能的提升。

第二节　高校大学生管理制度发展演变

一、社会主义革命建设时期的大学生管理制度 （1949 年—1977 年）

　　中华人民共和国的成立，揭开中国历史新的发展篇章。自 1949 年新中国成立到 1977 年，大学生管理制度经历了从初创、形成到曲折发展的过程。本节将围绕这三个阶段的不同历史背景、主要内容和特征意义进行分析探讨，梳理和总结社会主义革命建设时期我国大学生管理制度发展的一些基本脉络。

（一）大学生管理制度的初创（1949 年—1956 年）

从中华人民共和国的成立到 1956 年基本完成社会主义改造的 7 年间，党和国家领导全国各族人民有步骤地实现了从新民主主义到社会主义的转变，迅速恢复了国民经济，开始了各项事业的有计划的进行。与此相适应的我国大学生管理制度也在改造旧的教育制度和创建新的教育制度的浪潮中摸索前进，开始得以初步创立。

1. 背景分析

从 1949 年 10 月新中国成立到 1956 年，新中国国民经济恢复和基本完成生产资料私有制的社会主义改造时期。在共产党的领导下，全国人民经过这几年的改革，在我国实现了从新民主主义到社会主义的改革和转变，使我国进入了社会主义初级阶段。

1949 年 9 月，《中国人民政治协商会议共同纲领》制定并通过实施，这是一部起着临时根本大法作用的宪法性文件。《共同纲领》从新的指导方向上奠定了新中国的教育方针："中华人民共和国的文化教育为新民主主义的，即民族的、科学的、大众的教育。应以提高人民的文化水平，培养国家的建设人才，肃清封建的、买办的、法西斯主义的思想，发展为人民服务的思想为主要任务；教育方法为理论与实际一致；给青年知识分子以革命的政治教育，以适应革命工作和国家建设的广泛需要。" 这种内容的规定，是实现新民主主义教育向社会主义教育转变时期开展大学生教育管理工作的基本方针。

1950 年 6 月教育部召开了第一次全国高等教育会议，此次会议着重讨论了新中国成立以来的高等教育方针、政策、任务和体制等问题，同年 7 月，政务院批准了这次会议提出的《高校暂行规程》，具体阐明高校的办学宗旨、具体任务、办学形式。为进一步改革新中国的高等教育，教育部又相继颁布《专科学校暂行规程》《私立高校管理暂行办法》等文件，也为新中国高等教育建设提供重要的法规依据。

新中国初期针对高等教育面临问题党和政府并没有采取强硬的管治态度，而是采取"接管、恢复、调整"的柔性转换方式。

2. 主要内容

1949 到 1956 年是我国大学生管理制度的初创时期，这一时期的学生管理工作是以学生学籍工作为中心展开的。

学籍是指经过入学考试合格，正式录取，按照规定办理入学手续，注册后所取得的学生资格。学籍管理是指对取得学生资格的学生，从入学注册，成绩考核与记载，升、留（降）级，转系（专业）与转学，休学、停学、复学、退学，奖励与处分，毕业与毕业资格审查等方面，按照党的教育方针、教育自身规律以及学生身心发展特点，制定出相应的规章制度，实施管理。

（1）入学与注册。

在新中国初期形成了以统一参加入学考试为基础、同时对于满足特殊政治原因的学生予以照顾的入学方法。主要涉及到的文件有《高校暂行规程》（1950 年）、《高等教育部关于华东区高校处理学生学籍问题的若干规定》（1953 年）。

《高校暂行规程》第二章第十条、第十一条规定，"凡年满十七岁，身体健康，在高级中学或同等学校毕业或有同等学历，经入学考试及格者，不分性别、民族、宗教信仰，均得入学"；"大学及专门学院对于具有相当与高中毕业程度的下列学生：具有相当工作历史的革命干部；工农青年；少数民族学生；华侨学生，应予以入学及学习的特别照顾。"这是新中国成立后对于入学问题的最早规定。

1953 年，在入学条件上，特殊政治原因予以取消，高考成为了唯一的入学方式。《高等教育部关于华东区高校处理学生学籍问题的若干规定》其中"入学与注册"部分规定，"高校招考新生，于每年暑假举行。任何学生，均应依照高校招生规定（招生时公布）参加考试，合格后方准入学""统一规定之招生考试（包括统一抽调之干部入学）结束后，不再进行其他考试或个别吸收学生入学，并规定在高校内不招收试读、借读等学生""新生入学后，由各高校根据学生所缴高中毕业证书或高中毕业同等学历证件及有关证明（此项证件及证明于毕业时发还）。审定学生学籍。"

（2）考核与成绩记载。

这一时期以教育部《高校课程考试与考查规程》为蓝本初步建立了涉及成绩评定、考试方法、成绩记载、补考、升级、留级等内容的考核与成绩记载规范体系。主要涉及的文件有《高校暂行规程》（1950 年）、《高校课程考试与考查规程》（1955 年）、《高等教育部复函关于高校课程的考试和考查问题》（1956 年）、《中华人民共和国高校国家考试条例草案》（1956 年）、《高等教育部复各校所提有关"高校课程考试考查规程"中的几个问题》

（1956 年）。

1955 年高等教育部发布的《高校课程考试和考查规程》，这是我国新中国以来第一部全面系统规定高校考核与成绩记载的文件。其中规定，"高校课程的考试和考查，是检查学生学习成绩的唯一标准。"

1956 年，高等教育部在高校试行国家考试制度，通过全国统考的方式审查毕业生的学业程度是否符合教学计划以保证毕业生的质量，并颁布《中华人民共和国高校国家考试条例草案》规范试行。这是国家关于大学生毕业考试问题的不成熟探索，因其政策与实际情况的脱轨、实际操作的困难重重，一年后夭折。

（3）转专业与转学。

这一时期对于转学与转专业的规定经历了从允许各高校暑期统一招考转学生到严格控制学生转学再到系统规范转学行为的发展过程。主要涉及的文件有《教育部关于高校 1951 年暑期招考转学生办法》（1951 年）、《教育部关于大学生转学问题的指示》（1952 年）、《教育部关于华东区高校处理学生学籍问题的若干规定》（1953 年）、《高等教育部关于处理学生复学、转学问题给东北师大的复函》（1956 年）。

1953 年，教育部发布《关于华东区高校处理学生学籍问题的若干规定》，首先明确了对于转学问题的原则立场，即"今后对一般要求转学的学生，必须说服教育，使其在目前的学习岗位上安心学习，不得转学""在处理转学问题上，对一般水土不服、言语不通、选地区、选学校的学生，应耐心教育说服，防止对处理转学问题放任自流的现象"。其次规定了"个别有正当理由的（如本校无适当专业者）学生转学的程序，即"本人在学年终了前向学校申诉理由，经系主任提出具体意见，校长审核批准后，转由教务处将该生有关文件直接函商拟转入学校。"同时对于一些特殊转学情况给与了规定。如"师范大学或其他性质相同的高校等与夜大学学生不得要求互转""革命干部、工农青年具有一定业务基础及相当于高校肄业的同等学历愿意升学者，审批合格后编入适当专业及年级学习""原在国外高校肄业，最近归国的华侨学生，经审查合格后，编入适当专业及年级学习。"《高等教育部关于处理学生复学、转学问题给东北师大的复函》中规定，"对多子女干部学生因需照顾家庭要求转学到其爱人工作地区学习者，应尽量协助转学。"

（4）毕业、结业与肄业。

这一时期以专业主要课程的合格与否为标准将学生毕业情况分为毕业、修业两种。主要涉及的文件有《高校暂行规程》(1950年)、《高等教育部关于华东区高校处理学生学籍问题的若干规定》(1953年)、《高等教育部关于一九五四年暑期毕业学生的毕业证件问题的通知》(1954年)。

《高等教育部关于一九五四年暑期毕业学生的毕业证件问题的通知》首先规定毕业情况，即"所学课程考试成绩及格或补考及格者，发给毕业证书"其次规定修业情况，即"有一至二门该专业主要课程不及格或缺修者，发给修业证书分配工作，工作一定时期后可申请补考一次，补考及格后换发毕业证书"，"有三门以上课程不及格、缺修或无成绩者，一律发给修业证书，以后不再补办或换发证书。"

3. 特征和意义

初创时期的高校教育主要面临着两方面的现实状况，一方面是刚刚成立的新中国对于高等教育的首要任务即是完成对教育的接管和改造，而另一方面在接管和改造过程中，缺乏管理经验的新中国，为了最大程度上的稳定社会秩序、恢复生产、逐步走向社会主义道路，只有移植先进国家的成功模式。基于此毛泽东指出："在全国解放初期，我们全没有管理全国经济的经验，所以第一个五年计划期间，只能照搬苏联的办法。"[①]处于社会主义初创时期的大学生管理制度也必然与当时的社会发展情况密切关联，并呈现出当时社会背景影响下大学生管理制度的特征。

首先，大学生管理制度无集中体系，多以"指示""批复"为主。新中国初期的大学生管理制度，尚未形成全面、系统的制度体系，为加快高校秩序的稳定、教育教学秩序的恢复，在学生管理上多以教育部颁发的"指示""批复""复函"等为主，对于同类问题尚未形成宏观性、原则性的政策引导，规定性的文件过于零散，集中性的文件较为少见。

其次，大学生管理制度内容较为单一，内容较为零散细碎，缺乏系统性和完整性。本阶段的大学生管理制度主要以学生学籍管理方面为主，指示对入学、转专业、转学、体学、复学、退学、毕业等几方面作了规定，并没有详细指出学生入学后各个具体培养环节的要求，如新生入学未办理入学手续、不能按时报到、入学后的资格审查等。此阶段，大学生管理缺乏顶层设计，内容不够全面全面、系统。

①中共中央文献研究室.毛泽东文集(第八卷)[M].北京：人民出版社,1999：103-148.

再次，大学生管理政治色彩浓厚，效仿苏联模式。如在入学条件上，教育部 1950 年颁布的《高校暂行规程》规定，"相当于高中毕业程度的具有相当工作历史的革命干部、工农青年、少数民族学生及华侨学生予以入学和学习的特别照顾"，具有浓厚的政治色彩。同时效仿苏联高校模式设置专业，全国高校由学分制改成学年制。

（二）大学生管理制度的形成（1957 年—1966 年）

从 1957 年到 1966 年，这十年的时间是我国进入社会主义初级阶段，开始全面建设社会主义的十年。伴随着我国各项事业的探索和实践的深入，我国的高等教育工作也迅速发展起来，大学生的教育管理工作积累了丰富的经验，大学生管理制度也在这一阶段得以不断形成和完备。

1. 背景分析

从 1957 年到 1966 年这十年的探索和实践中，中国社会在"左"倾错误的笼罩下，各项工作包括大学生的管理制度，也经历了曲折、缓慢发展和初步形成的过程。

从 20 世纪 50 年代中期开始，毛泽东不断地批判学习苏联中出现的简单照搬，不结合中国实际情况的教条主义倾向，提出学习外国要同本国实际情况现结合，走符合本国国情的道路，指出我国的教育方针，应该使受教育者在德育、智育、体育几个方面都得到发展，成为有社会主义觉悟的有文化的劳动者"和"百花齐放、百家争鸣"的方针。1958 年 9 月中共中央国务院发布《关于教育工作的指示》，进一步阐明现阶段的教育工作方针。中国开始探索走一条符合中国特点的社会主义教育之路。

随着社会主义全面建设的深入，同时，1960 年"八字方针"提出，1962 年千人会议召开。全面总结一段时间内的错误和不足，开展批评与自我批评，统一思想，端正认识。在教育领域，1959 年初，教育工作会议北京召开，针对近期在执行教育方针上存在的诸多问题给予剖析和讨论，1959 年 6 月，中共中央批转共青团中央《关于对学生进行思想政治教育中的几个问题》，对于大学生的教育管理提出了几点改进意见。直到 1961 年教育部按照中央的指示，于 1961 年草拟了《教育部直属高校暂行工作条例（草案）》（简称《高校六十条》），总结了新中国以来，特别是 1958 年教改以来的正反两方面的经验，高校的学生管理工作真正出现了较大的转机。从这之后，大学生管理制度开始逐渐完善和细化，并最终得以形成。

2．主要内容

在这一时期，我国大学生的管理制度不断摸索完善，在原有规程制度的基础上在学籍管理的以下方面得以创立和形成。

（1）考核与成绩记载。这一时期在原有考核与成绩记载规定基础上以《教育部直属大学生成绩考核暂行规程（草案）》为蓝本形成了涉及考核方法、成绩评定、补考、升级、留级等内容的系统性的考核与成绩记载规范体系。1962年，教育部发布《教育部直属大学生成绩考核暂行规程（草案）》，其中规定，在考核方法上，"对学业成绩的考核，主要采取考试、考查的办法"，"对学生的政治觉悟、思想意识、道德品质的考查，主要采取做鉴定的方法"，"生产劳动的考核，一般采用写评语的办法"；在成绩评定上，依旧采用"优秀""良好""及格"和"不及格"的四级计分法，"少数有特殊需要的课程，也可采用'百分制'计分"，考察采用"及格"和"不及格"两级；在考试方式上，"应根据课程的特点、班级的大小和教师人数的多少，分别采取口试、笔试或口笔试兼用的办法"；在考试评分上，"应以学期期末考试成绩为主，适当的参考平时成绩"；对于体育课的考查，"考查的要求不宜过高，对不同体质的学生应有不同的要求"；在补考上，"有三门或三门以下课程不及格的可以补考"；在升级、留级上，"每学期考试后办理一次"，"每学期学习四门或四门以下课程有三门不及格的学生，应予留级"，"有一门课程不及格而准其升级的学生，在以后任何一学期中，再有三门不及格时，令其退学或留级"，"如无特殊原因，本科生留级最多只能有两次"。

（2）转学与转专业。这一时期以《关于处理大学生转专业、转学、休学、复学、退学等问题的规定》为蓝本形成了全面系统的转专业与转学规范制度。1960年教育部在原有草案的基础上，发布了《关于处理大学生转专业、转学、休学、复学、退学等问题的规定》，该规定，首先明确了对于转专业与转学问题的原则立场。"高校需经常注意教育学生热爱专业、热爱学校，如无特殊困难，一般不要转专业、转学；但在处理个别问题时，适当的照顾学生的合理要求，以解决他们学习、生活方面的具体困难和问题"；其次规定了转专业与转学的条件。"有某种疾病或生理缺陷；学校认为不适合现在的专业学习；本人或家庭确有特殊困难的"，"强调志趣不合等原因的，不应同意；照顾爱人关系的，也不应同意"，"第一学年未学完的和临毕业学年的学生，不得申请转学"，最后，规定了转学的程序。"由原校与转入学校洽商处理。转入学校应审查学生的政治、健康和学业成绩,合格者,办理转入手续"。

（3）退学。这一时期以《关于处理大学生转专业、转学、休学、复学、退学等问题的规定》为蓝本形成了全面系统的退学规范制度。该规定中,首先明确了退学的条件,"学生患病经诊断认为难以坚持长期学习的,因家庭经济困难或其他原因不能继续学习的,经本人申请,可准予其退学","本人未申请,但学校认为不宜继续留校学习的,也可说明理由让他退学"其次规定了退学的相关事宜,"学校在处理学生退学事宜时,应通知学生家长";最后,对于退学学生的安置问题。"如果是调干学生,应按照国务院和当地人事部门的有关规定办理安置问题,其他一般学生的以后一切问题,学校概不负责"。

（4）毕业、结业与肄业。这一时期对毕业生不及格的学生的毕业、就业与肄业问题予以了细化规定。《教育部关于 1962 年高校毕业班不及格学生的处理问题的答复》中规定,"凡毕业论文合格的学生,如有一至二门非主要课程不及格,可以发给毕业证书;如有一至二门主要课程缺修或补考后仍不及格,应留校补修。留校补修有困难的,可以发给修业证书,允许在离校后三年内申请补考一次,合格后,换发毕业证书"

3. 特征和意义

这一时期的大学生管理制度在继承和发展前期成果的基础上,得到了实质性的进步和更大程度上的提高,最终得以初步形成,并体现出了以下特征。

大学生管理制度内容开始更加细化和深入。这一时期的大学生管理制度已不再局限于从 1960 年教育部出台《关于处理大学生转专业、转学、休学、复学、退学等问题的规定》,学生学籍管理规定日趋细化。1961 年 9 月,教育部颁布《教育部直属高校暂行工作条例（草案）》和 1962 年 11 月 20 口颁布的《教育部直属大学生成绩考核暂行规程（草案）》开始涉及学生管理其它方面的内容,重点放在对学生的思想政治教育上。《高校六十条》第六章"教师与学生"第三十五条规定了对学生的奖惩,另有第八章将"思想政治工作"单列出来。从中我们都可以看出,大学生管理制度开始一步步走向正轨,稳定的、全面的和可操作的大学生管理制度是其发展的方向。

这一时期的学生管理制度的改革一方面体现了国家的积极探索和初见成效,在学校和学生的关系上体现出了明显的学校强势地位。如在《关于处理大学生转专业、转学、休学、复学、退学等问题的规定》的"关于退学"一项中，规定"本人虽未申请，但是学校认为不宜继续留校学习应当退学的，也可以说明理由让他退学"。也就是说，退学并无明确标准，只要"学校认为不宜"，体现了当时学校对学生进行管理具有强烈的行政管理的色彩。

尽管这一时期的教育管理制度具有这样或那样的局限性，但其自身所体现出的时代特征和时代意义却依旧散发着巨大光芒。大学生管理制度开始初步形成，具有里程碑的意义。经历了新中国初期的大学生管理制度对于苏联模式的照搬硬抄，这一时期的制度建设开始逐步走向了与中国实际相结合的探索道路。不一味的模仿和苏化，中国的高等教育管理制度随着全面建设社会主义的深入，开始重新走上了稳步健康发展的轨道，可以说，这一时期的制度建设为后来我国大学生管理制度的细化和发展奠定了最初的样式。

（三）大学生管理制度的曲折（1966 年—1976 年）

这十年间我国的高等教育陷于停顿，无论是在教育理念到教育实践，还是从政工干部到专业教师都受到了严重的损害。从 1966 年起，全国高校停止按计划招生达 6 年之久，高校人员星散，学校的正常教学秩序被破坏，原来实行的学生管理规定都失去了作用。在这十年里，大学生管理制度没有发展，直到 1977 年国家恢复高考制度，高校本科学生管理制度才得以恢复和重建。

二、社会主义改革发展时期大学生管理制度（1978 年—至今）

1976 年后，中国社会进入了全新的发展阶段。1978 年 12 月，党的十一届三中全会的召开，拉开了中国改革开放的序幕，高等教育迎来了发展的春天。与此同时，中国的大学生管理制度也经历了一个从整顿恢复到开始新的探索的发展过程。在思想解放运动的推动下，在中国社会改革创新的大浪潮引领下，新时期的大学生管理制度开始了崭新的局面。本章节从大学生管理制度的改革和发展两个阶段入手，分析相应时间断点内大学生管理制度的历史背景、主要内容和特征意义，全面展现了这一阶段的大学生管理制度。

（一）大学生管理制度的改革（1978 年—1989 年）

党的十一届三中全会以后，一个经历了十年浩劫的社会，在不断的自我苏醒和重建中开始寻找科学、完备和先进的理念与制度模式，我国高等教育也进行了一系列的拨乱反正，逐步回到了正确的轨道。伴随着高校招生全国统一考试的恢复，高校要保证有正常的教学、生活秩序，就必须有健全的规章制度来予以维护。为此，改革大学生管理制度，并在实践中不断完善各项规章制度以适应高等教育发展的新趋势，是这一时段我国大学生管理制度发展的主题。

1. 背景分析

这一时期，大学生管理制度得以改革发展主要是在以下历史背景的影响下开展起来的。

一是十一届三中全会的召开，为大学生管理制度的改革创造了基本前提。1978 年 12 月召开的中国共产党十一届三中全会，开始了我党历史上具有深远意义的伟大转折。把党的工作重点从"以阶级斗争为纲'，转移到社会主义现代化建设上来，使党的工作走上健康发展的轨道。1981 年 6 月，党的十一届六中全会通过了《关于建国以来党的若干历史问题的决议》，完成了党在指导思想上的拨乱反正。在思想解放运动的推动下，推翻"两个估计"，澄清教育战线的一些是非界限，整顿教育秩序；在防止和克服"左"和右的两种倾向的过程中，恢复和加强学生教育管理，开始新时期学生教育管理科学化的探索。

二是高校的恢复和增设。1971 年全国教育工作会议通过的《关于高等院校的调整方案》确定：原有 417 所高校，保留 309 所，合并 43 所。撤消 45 所，改为中专校 17 所，改为工厂 3 所。1978 年 12 月 28 日，教育部发出通知，经国务院批准，恢复和增设 169 所普通高校。工科院校 46 所，农林院校 13 所，医学院 18 所，师范院校 77 所，财经院校 10 所，体育学院 3 所以及艺术学院 2 所。这一批高校的恢复和增设，为现代化建设提供了大批的专门人才。高校设立起来后，即面临加强学校管理的紧迫工作，学生管理制度首先需要恢复和建立。

三是高考制度的恢复。1972 年起，大多数学校开始恢复招生，主要招收具有 2 年以上实践经验的初中毕业以上文化程度的工农兵学员，取消了文化考试，实行"自愿报名、群众推荐、领导批准、学校复审"的办法。

但这种招生办法降低了学生的文化程度，造成高校不能按照正常的要求对学生进行教学工作。1977 年恢复全国高校统一招生考试制度，提高了高校新生的质量，全国有 570 万青年报考，高校共招收新生 27.3 万人（包括 1978 年初增招的新生 6.2 万多人）。1978 年招收新生 40.2 万人（包括扩大招生 10.7 万人），成为新中国以来高校招生人数的第三个高峰。随着大批新生进入高校，开始接受高等教育，高校也迫切需要建立有序的正常的教育教学秩序，对学生从入学开始的在校各个环节进行规范。

2．主要内容

这一时期教育部总结、吸取文革前大学生管理的经验，改革制定了一系列的学生管理制度。1983 年，教育部在对 1978 年颁布的《大学生学籍管理的暂行规定》进行总结完善的基础上，颁布了《全日制普通大学生学籍管理办法》。该办法确立了我国高校学籍管理制度的基本原则、基本方法，是对多年来我国大学生学籍管理实践的总结，是我国大学生管理制度建设的重要成果。

（1）入学与注册。首先改革了入学程序。"新生持录取通知书和学校规定的有关证件，办理入学手续"，"因故不能按期入学者，向学校请假。假期一般不超过两周；超过两周不报到者，取消入学资格"。其次规定了复查程序。"学校在新生入学三个月内进行复查，合格者取得学籍；不合格的，由学校区别情况，予以处理，直至取消入学资格；凡属询私舞弊者，一经查实，取消学籍，予以退回，情节恶劣的，须请有关部门查究"。再次规定了新生保留入学资格内容。"新生进行体检复查患有疾病者，经医疗单位证明，短期治疗可达到健康标准的，本人申请，由学校批准，可准许保留入学资格一年。学校复查合格，方可重新办理入学手续。复查不合格或逾期不办入学手续者，取消入学资格"。最后规定了注册程序。"每学期开学时，学生必须按时到校办理入学注册手续。未经请假逾期两周不注册的，按自动退学处理"。

（2）考核与成绩记载。首先改革了考核成绩评定标准。"从原有的百分制或四级制改为百分制或五级制。即优秀、良好、中等、及格、不及格五个级别"；其次改革了补考要求。从原有的三门以下不及格允许补考改为学生每学期不及格的课程均可补考；再次增加了允许跳级的内容。"主要课程成绩达到'良好'以上水平、其他课程及格的，经本人申请，学校批准，允许跳级"；最后改革了升级、留级的规定。"学生在一学年不及格课程学分总数达到学年所选学分总数的三分之一者，经学校批准，可编入下一年级。"

（3）转专业与转学。首先，强调了个人意愿在转学转专业中的作用。"学生确有专长，本人申请，由所在系（专业）推荐，经转入系（专业）考核证实，转入该系（专业）更能发挥其专长者，准予转学。"其次，增加了禁止转专业、转学的硬性条件。即"有下列情况之一者，不予考虑转专业、转学；①新生入学未满一学期者。②由一般院校转入重点院校者。③由专科转入本科者。④本科三年级（含三年级）以上或专科二年级（含二年级）以上者。⑤师范院校（学校认为不宜学师范者除外）转入其他院校者。⑥无正当理由者"。最后，细化了转专业与转学的手续流程。

（4）退学。首先，全面系统地规范了学生退学的相关条件。即"①学期考核成绩不及格课程经补考后，仍有三门主要课程或连同以前各学期累计四门（含四门）以上课程不及格者。②实行学分制的学校，在一学年中不及格课程达到和超过所选总学分的 1/2 者。③本科学生在同一个年级里须第二次留、降级者。④本科学生不论何种原因（含休学、保留学籍），在校学习时间累计超过其学制两年（如四年制的不得多于六年），专科学生超过其学制一年者。⑤休学期满不办复学手续者。⑥经复学复查不合格不准复学者。⑦经学校动员，因病该休学而不休学，且在一学年内缺课超过总学时 1/3 者。⑧经过指定医院确诊，患有精神病、癫痫、麻风等疾病者。⑨意外伤残不能坚持学习者；本人申请退学，经说服教育无效者""一学期旷课超过 50 学时（旷课一天，按实际授课时间计）和在校学习期间擅自结婚而未办退学手续的学生，亦作退学处理。"

其次，全面系统的规范了学生退学的善后问题的相关管理。即"①退学学生之前有单位的回原单位安排，无单位的回家长或抚养人所在地落户。②有疾病的由原单位接收，按照国家对待职工的劳保规定处理，其他的由家长或抚养人负责领回。③退学学生发给退学证明；退学的学生不得申请复学"。

（5）毕业、结业与肄业。增加了关于对毕业生服从国家统一分配的要求。"学生毕业后必须服从国家统一分配，按规定时间到所分配的单位报到。对不顾国家需要，坚持个人无理要求，经批评教育拒不服从分配，从学校公布分配名单之口起，逾期三个月不去报到者，经地方主管调配部门批准，由学校宣布取消分配资格，限期离校。"

3．特征和意义

在动荡结束后，遭到极大破坏的大学生管理体系能够得以恢复和重建，这本身即是这一时期大学生管理制度的最大特征和最重大的意义。然而，这种恢复和重建又在整个的大学生管理制度史上极具时代性和鲜明特征，表现如下。

对于教育教学秩序的重整和规范性特征明显。满目疮痍的高校面临着教育教学秩序恢复的迫切诉求。而管理制度的再塑和形成则成了挽救教育教学秩序的最有效的良方。为此，高校本科学生管理制度在这一阶段侧重于对学生的学籍管理，对学生在专业课程上的学习进行了严格的规定，如留级、降级、退学、转专业、转学等均规定了具体的情形，使在读学生明了了学习要求，保证了学校正常的教学秩序。

全面育人原则的初步体现。这一时期的学生管理的规章制度在自身制度条件严格的同时，还对学生的政治觉悟、思想意识和道德品质等方面进行考察，促进学生德智体全面发展。要求学生必须坚持四项基本原则，要努力做到遵纪守法、勤奋学习、文明礼貌、团结同学、关心集体、爱护公物、热爱劳动等等，对学生奖惩也有明确的规定，对学生全面发展起到了积极的促进作用。

大学生管理制度在这一时期的改革创新，因其所处时代环境的特殊性，因此显得尤为重要和意义深远。其最重要的意义在于为人才的培养提供了更为完备的制度上的保障。经历了十年来人才培养的断层和人才塑造模式的缺失，中国的高等教育在对于人才的塑造上显得慌乱、错杂。由此，大学生管理制度的恢复和建立使学生有了明确的学习目标和行为规范，为高校的人才培养提供了制度保障。

（二）大学生管理制度的发展（1990年至今）

随着我国改革开放和市场经济建设的不断推进，中国社会的法制化和现代化步伐加快，我国的高等教育改革也随之深化和发展。1990年1月20日原国家教育委员会颁布的《普通高等学校学生管理规定》开启了我国大学生管理制度法制化进程的开端，我国大学生管理工作从此形成了比较完整、规范的管理制度，大学生管理进入了法制化和全面建设的新阶段。

1．背景分析

20世纪90年代初期，一系列学生管理的配套文件的出台使我国的大学生管理走向了初步法制化的阶段，而其背后则有着深刻的经济、社会、政治背景因素的影响。

一是社会主义市场经济发展的深入推进。1984 年党的十二届三中全会做出了经济体制改革的决定，中国社会逐步由计划经济转向市场经济。1992 年10 月，党的十四大提出了建立社会主义市场经济体制的目标，全社会开始了由计划经济体制向社会主义市场经济体制的转变。由此，场经济所要求的竞争意识、民主意识、平等意识、参与意识、效益意识、法律意识等，为我国思想政治教育注入了新的内涵，从而有力地推动了我国大学生教育管理工作的健康发展。

二是中国法制化进程的加快。随着国家法律制度的健全与不断完善，公众和大学生自身维权意识的增强，大学生管理工作面临新的挑战。原有的管理思想、管理模式、管理方法已不适应形势发展变化的需要。因此，对大学生管理制度的法制化趋势是时代发展的客观要求，是当前依法治教、促进高教事业全面、协调、可持续发展的迫切需要。

三是教育体制改革的推动。1985 年 5 月 27 日中共中央公布了《中共中央关于教育体制改革的决定》。决定指出，教育体制改革的根本目的是提高民族素质，多出人才，出好人才。对高等教育体制的改革要求是改革高校的招生计划和毕业生分配制度，扩大高校办学自主权。这样高校长期以来全部按国家计划统一招生的现状开始改变，除了国家计划招生，用人单位委托招生、国家计划外自费生等开始试点和推行，对学生管理工作提出了更高的要求。

四是改革开放深入发展所引发的校园氛围动荡。90 年代初期，社会上"脑体倒挂""分配不公""知识贬值"等非理性因素不断渗入大学校园，导致校园中一度存在"经商风""厌学风"，在不同程度上与大学生培养目标发生冲突，给大学正常秩序造成混乱。

高校历来还是各种思想文化激荡的场所。随着改革开放，西方文化也同步涌入，部分大学生对西方文化良莠不辨照单全收，片面地不恰当地追求自我设计、自我奋斗、自我实现成为部分大学生的价值取向，造成校风、学风的波动和涣散，使加强学生管理摆到了突出重要的地位，高校本科学生管理制度迫切需要进一步完善。

2. 主要内容

这一时期的大学生管理制度处于法制化、现代化、体系化的发展阶段。

2017 年教育部重新制定颁布《普通高等学校学生管理规定》，这是教育部自1990 年发布旧的《普通大学生管理规定》以来对该规定所做的第二次正式修改。内容涉及到学生管理的方方面面。具体变革内容如下。

（1）学籍管理。学籍管理在此时改革和细化了诸多内容。在入学与注册上，增加了"家庭经济困难的学生可以申请贷款或者其他形式资助，办理有关手续后注册"的内容；在考核与成绩记载上，加大了各学校的办学自主权，在成绩考核方式、重修补考方式、留级跳级等方面准予学校自行规定；在休学与复学上，简化了相关手续办理的硬性规定，休学次数、休学期限、休学学生医疗费用等由学校自行规定；在退学问题上，明确规定了符合退学条件的情形。"学业成绩未达到学校要求或者在学校规定年限内（含休学）未完成学业的；休学期满，在学校规定期限内未提出复学申请或者申请复学经复查不合格的；经学校指定医院诊断，患有疾病或者意外伤残无法继续在校学习的；未请假离校连续两周未参加学校规定的教学活动的；超过学校规定期限未注册而又无正当事由的；本人申请退学的。对于学生的退学处理，由校长会议研究决定；在毕业、结业与肄业上，增加了"学校应当执行高等教育学历证书电子注册管理制度"和"毕业、结业、肄业证书和学位证书遗失或者损坏，经本人申请，学校核实后应当出具相应的证明书。证明书与原证书具有同等效力"的内容。同时对于"结业后是否可以补考、重修或者补作毕业设计、论文、答辩，以及是否颁发毕业证书"等问题，规定由学校自行规定。

（2）理想信念与校园文化。教育部发布《高等学校学生行为准则》，其中规定了八项学生行为准则，分别为"志存高远，坚定信念；热爱祖国，服务人民；勤奋学习，自强不息；遵纪守法，弘扬正气；诚实守信，严于律己；明礼修身，团结友爱；勤俭节约，艰苦奋斗；强健体魄，热爱生活。"

（3）权利和义务。《普通高等学校学生管理规定》中首次专章规定了学生的六项权利和六项义务，第五条规定"学生在校期间依法享有下列权利：参加学校教育教学计划安排的各项活动，使用学校提供的教育教学资源；参加社会服务、勤工助学，在校内组织、参加学生团体及文娱体育等活动；申请奖学金、助学金及助学贷款；在思想品德、学业成绩等方面获得公正评价，完成学校规定学业后获得相应的学历证书、学位证书；对学校给予的处分或者处理有异议，向学校、教育行政部门提出申诉；对学校、教职员工侵犯其人身权、财产权等合法权益，提出申诉或者依法提起诉讼；法律、法规规定的其他权利。"第六条规定，"学生在校期间依法履行下列义务：遵守宪法、法律、法规；遵守学校管理制度；努力学习，完成规定学业；按规定缴纳学费及有关费用，履行获得贷学金及助学金的相应义务；遵守学生行为规范，尊敬师长，养成良好的思想品德和行为习惯；法律、法规规定的其他义务。

（4）校园秩序与课外活动。1992 年国家教育委员会试行《普通大学生安全教育及管理暂行规定》，《规定》分为"总则、安全教育、安全管理、事故处理和附则"五个部分。2002 年教育部出台《学生伤害事故处理办法》，明晰了事故发生后的处理程序、赔偿责任、事故责任者的处理等内容。2005 年，《普通高等学校学生管理规定》中专章规定了"校园秩序与课外活动"内容，提出"学校应当建立和完善学生参与民主管理的组织形式"，"学生应当自觉遵守公民道德规范，自觉遵守学校管理制度；鼓励学生成立学生社团和参加社会实践活动活动，"学校应当建立健全学生住宿管理制度。"2017 年颁布的《普通高等学校学生管理规定》，指出"学校提倡并支持学生及学生团体开展有益于身心健康、成长成才的学术、科技、艺术、文娱、体育等活动。"

（5）资助与帮扶。2007 年教育部、财政部联合印发《普通本科高校、高等职业学校国家助学金管理暂行办法》，详细规定了国家助学金的资助标准与申请条件、名额分配与预算下达、申请与评审、助学金发放、管理与监督等内容。其中规定"国家助学金主要资助家庭经济困难学生的生活费用开支。国家助学金的平均资助标准为每生每年 2000 元，具体标准在每生每年 1000~3000 元范围内确定，可以分为 2~3 档。中央高校国家助学金分档及具体标准由财政部商有关部门确定，地方高校国家助学金分档及具体标准由各省（自治区、直辖市）确定。"2017 年 3 月，财政部、教育部、人民银行、银监会等四部门印发《关于进一步落实高等教育学生资助政策的通知》，进一步推动高等教育学生资助政策落实到位，把好事办好。2020 年 7 月，教育部办公厅印发《中等职业学校学生资助工作指南》，推动中等职业学校学生资助政策规范有序实施，不断提升资助精准化水平。2021 年 9 月，财政部、教育部、人民银行、银保监会联合印发《关于进一步完善国家助学贷款政策的通知》，提高全日制普通本专科学生、全日制研究生每人每年申请贷款额度，强化国家助学贷款政策实施效果。

3．特征和意义

20世纪90年代以来，我国的改革开放和现代化建设进入了一个新的阶段。随着经济体制、政治体制和科技体制改革的深化，大学生教育管理体制也在不断加快着改革的步伐。法制化和现代化无疑是这一时期大学生管理制度的最大特征。

1990年1月出台的《普通高等学校学生管理规定》是一部具有法律效力的行政规章，是近年来司法审查大学生与学校纠纷的重要依据，也标志着学生管理的初步法制化。

2005年3月25日教育部发布了新修订的《普通高等学校学生管理规定》，该规定自2005年9月1口起施行，原国家教育委员会发布的《普通高等学校学生管理规定》、《研究生学籍管理规定》同时废止。新规定适用于普通高校、承担研究生教育任务的科学研究机构对接受普通高等学历教育的研究生和本科、专科（高职）学生的管理，大学生管理开始朝向法制化积极迈进。

2017年9月1日开始实施的《普通高等学校学生管理规定》进一步明确了立德树人要求，健全了学籍管理制度，推动了建立灵活学习制度，服务学生创新创业，强化了以学生为本的理念，促进学生自我管理，为规范普通高等学校学生管理行为，维护普通高等学校正常的教育教学秩序和生活秩序，保障学生合法权益，培养德、智、体、美等方面全面发展的社会主义建设者和接班人提供了新的时代依据。

大学生管理制度的法制化进程的深化和完善，有着重要的意义。大学生的管理开始逐步走向国家意志的合法化方向，开始可以寻求来自真正制度本身的优越感和保障性，法律的认可和保护使得大学生管理以更加坚实厚重的姿态走进了学生人才培养和教育教学秩序的构建中去。就当前来说，大学生管理制度在不断深化和改进，注重个性化、信息化、全过程、综合素质评价和多元化管理等方面的发展和应用，为大学生的管理和服务提供更加科学、规范的支持和保障。此外，大学生管理制度越来越注重人性化管理，尊重学生的个性和差异，关注学生的全面发展。例如，一些高校开始实行弹性学制和学分制，允许学生在一定范围内自主选择课程和学习进度，充分尊重学生的个性发展。这也说明，中国的高等教育逐步规范、理性和法制化。

第三节　高校大学生管理制度的完善策略

一、高校大学生管理制度完善的理念选择

大学生管理服务于大学生人才培养目标，只有清晰要培养什么样的人，才能明确怎样培养人。它与国家政治经济大环境息息相关。新中国初期，为巩固社会主义制度，中央提出坚决贯彻执行："教育为无产阶级政治服务、教育与生产劳动相结合和百花齐放百家争鸣的方针。"明确高校的学生培养首先要强化学生的政治素质。

1961 年，出台《教育部直属高校暂行工作条例（草案）》，第一次正式提出要在高校设置政治辅导员，同时指出大学生管理的主要任务是负责学生的政治思想教育工作，大学生管理队伍要"当好学生的政治领路人"。那时的大学生管理以政治引导为行动指南，大学生管理制度的制定实施要服务于学生政治素质的培养。20 世纪 90 年代大学生就业分配度发生了改变，部分地区由国家"包分配"转向"双向选择"，并逐步建立了人才市场，方便高校毕业学生自主择业。

2000 年教育部提出高校毕业生就业采用"不包分配、竞争上岗、择优录用"机制，停止使用《全国普通高校毕业生就业派遣报到证》和《全国毕业研究生就业派遣报到证》，开始使用《全国普通高校本专科毕业生就业报到证》和《全国毕业研究生就业报到证》。"市场需要什么样的人，我们就培养什么样的人。"这是很长一段时间高校的人才培养目标。相应的，大学生管理的理念也逐步发生了变化，关注学生个体能力的培养，关注学生成长。特别是 2005 年，教育部出台新的《普通高等学校学生管理规定》，取消了一些违反国家相关法律，侵犯学生权益的条款，使大学生管理制度日趋科学、合理。

2017 年《普通高等学院学生管理规定》明确了对学生发展的五个基本要求，即理想信念要求、道德情操要求、遵纪守法要求、学业要求、身心健康要求，体现了中国特色社会主义建设对高校教育与管理要求的新变化。

每个人的自由发展是一切人自由发展的条件。以人为本的科学思想正是源于马克思人的自由全面发展理论，它是科学发展观的核心，是中国共产党人坚持全心全意为人民服务的党的根本宗旨的体现，它是科学的、必

须坚持和贯彻的指导思想，以人的发展为本位。而教育的主体是人，教育的目的是培养、发展人。马克思认为教育首先是对"真正人"的培养，而不是单纯的"劳动力"，联合国大会第 217 号决议《世界人权宣言》第 26 条在阐述教育目的时这样说："教育的目的在于充分发展人的个性并加强对人权和基本自由的尊重。"这都与以人为本的科学思想不谋而合。实践证明，以人为本的大学生管理理念是顺应时代发展要求、符合大学生人才培养目标、推动学生成长成才的科学思想。大学生管理工作要树立以人为本的管理理念，大学生管理制度的完善也应在以人为本科学思想的指导下开展工作。

二、高校大学生管理制度完善的实现路径

所谓政策执行是指政策执行者通过建立组织机构，运用各种政治资源，采取解释、宣传、实验、协调与控制等各种行动，将政策观念的内容转化为实际效果，从而实现既定的政策目标的活动过程，这是一种动态的过程。而大学生管理制度作为国家用来规范大学生行为的准则，它的完善过程也必然是一个动态的执行过程，并且是一个自上而下执行过程。普瑞斯曼和威戴夫斯基指出："像'实施'这样的动词必须跟一个像'政策'这样的宾语。""政策实施是一个自上而下的过程，上级制定政策，指明需要解决的问题，规定必须达成的目标。"①而下级在接到上级指令之后，付诸行动。因此，探讨一项政策的可操作性或者一项政策完善的执行路径能够有效的保障制度的推进。本节着重就大学生管理制度完善的实施路径进行探究，以大学生管理制度的参与主体为线索，根据他们在大学生管理制度完善过程中所扮演的角色、承担的任务具体分析。

（一）国家主导

探究国家在大学生管理制度完善中的地位，首先应明确国家与高校的关系。中共中央、国务院 1993 年颁布的《中国教育改革和发展纲要》规定："我国实行的是以中央统一的宏观管理和地方分权的具体管理相结合，以地方政府管理为主的教育管理体制。"明确说明我国高校由国家政府进行管理。虽然按照出资方性质，高校可分为公立高校和私立高校。但我国的公

---

①转引自 Michael Hill &r Peter Hupe，lmplemening Public Policy：Coernance in Theory and in Praetice，London：SACE Publications，2002。

立高校是国家的事业单位，国家政府依法对高校实施管理。私立高校是国家私学观的外化和具象，是国家依法行使教育公权的活动，同样由国家政府进行宏观管理。因此，大学生管理制度作为规范大学生行为的规范性文件，理应由国家进行主导。

中共中央、国务院 2019 年印发的《中国教育现代化 2035》，以习近平新时代中国特色社会主义思想为指导，全面贯彻党的十九大和十九届二中、三中全会精神，坚定实施科教兴国战略、人才强国战略，紧紧围绕统筹推进"五位一体"总体布局和协调推进"四个全面"战略布局，坚定"四个自信"，在党的坚强领导下，全面贯彻党的教育方针，坚持马克思主义指导地位，坚持中国特色社会主义教育发展道路，坚持社会主义办学方向，立足基本国情，遵循教育规律，坚持改革创新，以凝聚人心、完善人格、开发人力、培育人才、造福人民为工作目标，培养德智体美劳全面发展的社会主义建设者和接班人，加快推进教育现代化、建设教育强国、办好人民满意的教育。将服务中华民族伟大复兴作为教育的重要使命，坚持教育为人民服务、为中国共产党治国理政服务、为巩固和发展中国特色社会主义制度服务、为改革开放和社会主义现代化建设服务，优先发展教育，大力推进教育理念、体系、制度、内容、方法、治理现代化，着力提高教育质量，促进教育公平，优化教育结构，为决胜全面建成小康社会、实现新时代中国特色社会主义发展的奋斗目标提供有力支撑。

（二）高校推进

高校泛指对公民进行高等教育的学校，与大学词义相近。大学，是指综合性的提供教学和研究条件和授权颁发学位的高等教育机构。从字义可以看出，高校的主要职责是对学生进行高等教育。高校要以培养人才为中心，按照国家教育方针，遵循教育规律，不断提高教育质量；要依法治校，从严管理，健全和完善管理制度，规范管理行为；要将管理与加强教育相结合，不断提高管理水平，努力培养社会主义合格建设者和可靠接班人。明确高校有责任对学生的行为进行规范，实施管理。高校应当根据本规定制定或修改学校的学生管理规定，报主管教育行政部门备案，并及时向学生公布。明确高校在学生管理制度完善中的地位，各高校要在国家政府的主导下修正学生管理制度，并推进。

高校推进学生管理制度的完善要做到，了解国家政策的内在含义，结合学校实际，制定适宜本校学生管理的大学生管理制度；深入贯彻以人为本的大学生管理理念，紧跟时代步伐，尊重教育规律，了解学生诉求，制定服务学生发展的大学生管理制度；要细化学生管理规定，确保学生管理制度执行有法可依，有章可循；在执行过程中，要严格执行大学生管理制度，在管理方式上要注意工作方法，培养高水平的大学生管理队伍，实施科学化管理。

（三）学生参与

要以学生为主体，以教师为主导，充分发挥学生的主动性，把促进学生健康成长作为学校一切工作的出发点和落脚点。学生是高校教育的主体，是学校一切工作的出发点和落脚点。大学生管理制度作为大学生的行为准则是以规范学生的行为为主要目的，学生是大学生管理制度的对象，是主体，因此学生的参与是大学生管理制度完善的必要条件。

学生的参与不仅指出大学生管理制度主体是学生，要求学生要自觉的遵守大学生管理制度的相关规定，并且要求学生针对大学生管理制度的制定、执行和反馈提出建设性的意见，辅助大学生管理制度的完善。首先，在政策制定的环节，学生是大学生管理制度实施的对象，要秉承以人为本的大学生管理理念，就要开展科学的调研，了解新时期大学生的教育背景、成长规律、发展特点、思想状况、心理状态及行为特点，制定出科学可行的大学生管理制度。其次，在大学生管理制度执行环节，学生是制度的具体参与者，大学生管理制度要对学生的行为进行规范，还要教育学生自觉的遵守制度的相关规定，鼓励学生自我管理。最后，在大学生管理制度反馈环节，要畅通反馈渠道，鼓励学生对管理制度的各方面进行评价，提出有建设性的建议，进一步完善大学生管理制度。

（四）社会支持

大学生管理工作是一项系统而复杂的工程，高校培养学生的目的是为了将学生推向社会，培养出德智体美劳全面发展的中国特色社会主义事业的合格建设者和接班人。社会是大学生就业的出口。随着市场经济的深化改革，专业分类日益细致，市场对大学生的要求也随之提高。这对高校的管理模式、管理方法提出了新的要求。因此，社会的需求是大学生管理的方向。此外，大学生管理有没有违背相关法律法规规定，有没有损害学生的合法权益，有没有科学的开展工作都需要在社会的监督下实施，有了第三方的监督，制度的制定和执行才能更有保障。因此大学生管理制度的完善需要社会的支持。

第三章 大学生生活管理问题分析

第一节 大学生宿舍管理问题分析

一、大学生宿舍的地位和作用

（一）大学生宿舍在学生生活中的地位

学生宿舍是学生日常活动的主要场所，在大学生活中具有重要地位。扩招后，高校的办学资源改善步伐相对滞后，教室、阅览室比较紧张，其他文化、体育、娱乐活动相对不足，学生的课余时间很大一部分是在学生宿舍度过的。学生宿舍的设施是否完备、安全，环境是否整洁、优雅、舒适，服务是否周到，生活氛围是否和谐，社区文化活动是否丰富多彩，管理是否科学、规范，将直接关系到学生的日常生活质量。

在宿舍中，学生可以与来自不同背景、不同地域的同学交流，了解彼此的文化差异和人生观，有助于学生拓展视野和丰富人生经验。此外，宿舍还担负着生活层面重要的教育功能，帮助学生学会如何处理个人与集体的关系，如何尊重他人、包容差异，如何践行契约精神、履行责任义务。

因此，大学生宿舍在学生生活中具有重要的地位，对学生的全面发展和未来社会生活具有重要作用。

（二）学生宿舍在学生教育管理中的重要作用

1. 学生宿舍是展示校风学风建设的窗口

一所高校的校风学风如何，不仅反映在教室、图书馆、实验室里，同时也反映在学生宿舍里。因为学生的学习态度、劳动观念、组织纪律观念、集体观念在许多情况下都反映在占他生活时间三分之一以上的寝室里面。正因为如此，学校要协调学生思想教育与管理、后勤服务、安全保卫等各方面的力量，积极探索学生宿舍中学校教育、管理、服务工作的结合点，加强学生宿舍的管理服务和思想疏导工作，既为学生创造一个宁静整齐、文明清洁的环境，也是消除学生因受其他不良影响而产生的抵触情绪的一项有力措施。针对此特点，宿舍管理必须从管理育人、服务育人出发，努力挖掘潜力，积极改善住宿生活条件，把学生视为服务的对象，让学生得到应有的尊重和关心，这是维护学校稳定的重要举措，也是创建良好校风、学风的前提，对学生的全面发展、成长成才十分关键。

2. 学生宿舍是思想政治教育和科学管理的结合点

学生宿舍作为学生在校生活的集中场所，在学生的基本道德修养、学校的教育培养目标完成方面起着重要的作用。学生在宿舍中的表现，往往与社会对人才培养的要求，与学校教育管理目标相联系。就当前大学生的精神与学习生活而言，主要存在以下一些倾向。

（1）在学生的自我意识、个人价值观念方面，比较注重追求与大学教育层次相适应的知识结构和文化娱乐活动，而忽视从社会的需要出发来完善自己。

（2）对一些水平高、影响大的活动感兴趣，也喜欢对一些深层次的社会现象、个人价值观念进行探讨，但却忽视个人劳动观念、清洁卫生习惯的养成和自我教育、自我管理、自我服务意识的培养。

（3）在宿舍建设中，比较注重为自己营造一个安乐窝，而不能与整个宿舍的管理保持协调一致。

（4）在宿舍人际关系方面，注重自我个性发展完善，而忽视宿舍作为一个整体应加以完善和提高。

（5）同学之间交往密切，言谈举止不拘小节，学校的一些管理规章制度在宿舍成员的相互默认中得不到严格的贯彻执行，甚至有些消极的东西，如学习风气淡漠，组织纪律涣散，轻视劳动，不服从管理，挖苦先进、标榜落后等反常现象，也时有发生。

因此，学生宿舍是培养学生良好的道德行为规范，实现其德、智、体、美全面发展和实施学校教育科学管理目标的一个结合点。通过学生宿舍这个点，可以把深入细致的思想政治工作与严格的科学管理有机结合起来，深入实际地了解学生的所想、所感、所为，真正地把握学生的思想动向。

3. 学生宿舍影响着学生正确人生观、价值观的树立

学生宿舍不只是单纯意义上的休息场所，而是一个重要的育人园地。来自不同地区有着不同家庭背景和生活习惯的学生，构成了宿舍的人文环

境，这是学生情感和思想比较自然、真实流露的地方。学生在宿舍里交往必将对各自的思想情感产生影响。在他们的交往中，或探讨人生、憧憬未来，或交流学习、谈古论今，必会有各式各样的社会思潮、信息观点等方面的交汇，并由此产生互动影响。所以，必须正确地把握学生宿舍里的思想动态，及时地给予正确启迪和引导，并通过多种方式和渠道，积极开展教育活动，引导学生明确方向，明辨是非，树立科学的世界观、人生观和价值观。

二、大学生宿舍管理的内容与方法

（一）大学生宿舍管理的内容

大学生宿舍管理具有服务、管理、育人等三个主要功能。从宿舍管理的功能就可以明白学生宿舍管理应包括宿舍内务及卫生管理、宿舍区的治安管理、宿舍纪律与秩序、宿舍设施管理、宿舍水电气管理、宿舍电视及网络的管理等方面的内容。

（二）大学生宿舍管理的方法

学生宿舍不只是单纯意义上的休息场所，而是一个重要的育人园地。良好的宿舍环境是高校实施学生素质教育，促进学生德、智、体、美、劳全面发展的物质保障。科学合理的规章制度会对学生起到良好的导向、规范、协调和激励作用，因此，对学生宿舍实施科学有效的管理十分重要。就目前而言，大学生宿舍管理大致有以下几种方法。

1. 行政方法

行政方法是学校根据学生宿舍管理工作需要，设立专门的管理机构配备相应的管理人员，根据学校的校规校纪和学生宿舍管理制度、条例等，通过学生宿舍管理人员、服务人员及学生干部，用强制性行政命令、规定，直接对住宿学生进行宣传教育，增强住宿学生执行规章、制度、规范的自觉性，使宿舍管理有章可循，依法办事。行政方法是大学生宿舍管理普遍采用的方法。为了提高学生宿舍管理行政方法的有效性，应科学运用相应的管理方式。

（1）行政命令管理方式。行政命令管理方式是凭借行政职权与权威，通过口头或书面等方式，发布必须执行的规定、决定、指示，它具有明显的强制性、权威性、直接性。对贯彻执行制度、条例、规则的职责范围、处罚规定要明确具体；对不服从管理的要有相应的纪律、制度、惩处规定与执行程序作保障，以保证管理规章制度能贯彻执行，实现有效管理；对违反条例的处理要一视同仁，对管理条例的执行做到公开、民主、公平、合理。学生宿舍管理制度、条例、规则、规范的制定要科学，既要符合国家法规、条例，又要有学生的认同，这就要求规章制度的制定，不仅应有管理人员、法律专家、主管领导，还应有规章制度的针对人——学生或学生代表参与，这样的规章制度才会有牢固的群众基础，才能得到更好的执行。在具体实施行政管理方法时，要做到制度化、规范化、程序化管理。根据高等教育规律，高校管理目标、基本原则、管理程序和学生宿舍自身规律，应制定一套包括"学生宿舍管理办法""学生社区管理委员会工作条例""学生宿舍公约""各级工作人员岗位职责""文明宿舍建设实施细则"等完整、系统的规章制度，管理服务规范和学生宿舍日常工作处理程序，并采用多种方式向学生进行宣传教育，使学生一进宿舍，就知道应当做什么，不该做什么。明确做好了按何规定受到何种奖励，违反了按何种程序哪条规定接受何种处罚。使管理服务人员和学生，都有纪可守，有章可循，建立和谐的人际关系，提高工作效率。

（2）激励方式。激励，是教育的一种方式。激励的直接着眼点在于激励学生的感情，产生良好的行为。公寓管理人员应掌握激励的艺术，不断创造条件，变换激励方式。同时，在激励过程中，开展思想品德教育活动，以对学生起到感化作用，解决思想认识问题，巩固激励成果。在学生宿舍管理工作中，其激励方法可以采用以下几种类型：一是参与管理激励。吸收学生参与管理，成立宿舍管委会，对学生宿舍实行民主管理，以激励住宿学生共同管理好宿舍的积极性和主动性。二是目标激励。每学期公布学期、学年评选文明寝室，个人标兵的数量、条件、奖励方法，以激发学生达到某一目标的驱动力。三是荣誉激励。对积极主动配合宿舍管理工作，并做出贡献的个人或集体，授予相应的荣誉，出光荣册、光荣榜，记入学生档案，为其他学生树立榜样，明确方向。四是物质激励。对建立良好宿舍环境做出贡献的个人、集体，在运用上述几种激励方式的同时，要辅以物质激励。如按原定并已公布于众的标准、比例发给奖金、奖品等，激发学生参与和配合做好宿舍管理的积极性。五是情感激励。宿舍管理人员、学生社区辅导员要注意观察住宿学生的情感变化，对学生生活中的实际问题要帮助解决。如对经济困难的学生提供勤工俭学机会，对有病的学生在医疗、饮食方面给予关怀，对某些有错误思想行为或失误行为的学生有针对性地给予关心、爱护、帮助，使其树立信心。

（3）疏导教育方式。疏导，就是疏通、引导。疏导，就是要创造条件形成某种疏通机制，让大学生的某种情绪得到宣泄，就是要循循善诱，将偏差的思想、情绪引导到正确的方向上来。鉴于目前有些大学生对加强学生宿舍管理的意义不理解，有少数学生在宿舍开展经商活动，引来亲友、同学住宿，有的学校还发生过异性同宿现象，学校虽然采取行政措施，强化学生宿舍管理，但有的学生持"无所谓""管不着""我愿意"等错误态度，校方对个别严重违反学生宿舍管理条例的学生，应按校规给予严肃处理。但对大多数学生，只能在强化行政管理，加强思想教育的同时，适时采用疏导教育方式，倾听学生的意见和想法，掌握学生的心理，运用启发、商讨建议等方法，在疏导的同时进行教育，以提高学生接受宿舍管理规定、条例的自觉性。学生的合理要求尽量满足，或者创造条件分步骤实施；对学生的无理要求或者违纪行为，要严厉批评。既不能强制压服，也不能放任自流，应采取积极疏导教育的方式。对后进学生要消除心理"防线"，"晓之以理"，促进转化，以便做好学生宿舍管理工作。

（4）学生参与管理方式。现代管理理论认为，管理的核心是做好人的工作，充分调动人的积极性，使每个管理人员明确整体目标、自己的职责、工作的意义、相互的关系等，使其能积极、主动、创造性地完成自己的任务。根据管理心理学对"参与"和"认同"行为研究成果表明，让普通成员以不同形式参与领导和管理，可以增加成员的心理满足，增强工作动机，减少对抗，增强责任感、义务感，由于"认同"而产生关心、支持和主动帮助的行为。大学生宿舍的住宿对象是具备一定知识和技能的大学生，校方应积极组织以学生为主体的学生宿舍楼管委会，设层长、寝室长，吸收大学生参与决策学生宿舍管理模式，制定学生宿舍管理目标，参与决定问题、处理事件的活动。这样，可以提高学生在学生宿舍管理工作中对自我价值和重要性的认识，增加对宿舍管理决定的认同，从而增强向心力，增强自觉性，做到紧密配合，协同工作。同时，又可以使学生在参加宿舍管理过程中，提高组织管理能力。

学生参与管理是提高宿舍管理效能的有效途径，也是育人的需要。学校学生宿舍管理部门应从战略高度提高认识，积极支持，并要因时因校制宜，实行民主管理。条件成熟的学校可让学生自我管理，行政给予指导、支持和帮助。学生参与学生宿舍的管理，一般有三种方式。一是咨询参与。对学生宿舍的管理模式重大的管理改革措施、改革方案、规章制度建设等提出意见和建议。二是决策参与。对学生宿舍管理中学生关心的重大问题，选派学生代表组成调查研究小组，在调查研究和系统分析基础上，直接参与决策。三是行政参与。即通过学生代表参加的校学生宿舍管理领导小组或学生宿舍楼管委会，对学生宿舍进行日常行政管理。

2. 经济方法

经济方法是经济组织利用物质利益来影响所属人员行为并使之与组织目标相一致的一种管理方法。随着教育体制改革的深化，学生宿舍管理应加强高校经济核算，提高教育投资效益，对学生适当采用经济方法进行管理，如对学生收取学杂费、住宿管理费等，同时变助学金为奖学金、贷学金。入学时学生先交费后注册，不交费或严重违反宿舍管理规定的，学校不准其在学生宿舍住宿；将住宿学生在公寓的表现作为道德操行，实施考评德育分与评奖学金挂钩；在宿舍日常管理中，核定水、电用量，超指标加价收费，减少水、电浪费；为防止损坏公物，学生住宿时每人交一定数额的押金，损坏公物扣款赔偿等都是宿舍的经济管理方法。

总之，适当运用经济方法有利于完善学校及学生宿舍管理职能。但经济方法不是万能的，作为国家主管主办的高校，不能过分强调以经济制裁为手段进行宿舍管理。对学生的收费要适度，对损坏公物要酌情赔偿，对违反规定的处理要合情合理，严格控制，避免处理过当。

（三）大学生宿舍管理的心理咨询方法

大学生正处于青年时期，存在着青年的特点和青年知识分子的特点。学习竞争的激烈，就业形势的严峻，爱情问题上的不如意，因与同学交往产生障碍而导致的焦虑，部分同学经济上存在的压力和家庭教育的不当等，都导致了当前高等院校部分学生在心理上存在这样那样的问题。有的导致精神分裂症，有的甚至因绝望而自杀轻生，如此等等，不一而足。对学生管理工作者而言，这类问题是决不可轻视或忽略的。对此，校方有必要选聘有经验的、学生信得过的中老年教师、心理医生在学生宿舍开设咨询室，用社会学、心理学及医学知识、生活经验开展心理咨询健康咨询等，帮助学生解除困惑，培养积极的心态，使他们适应环境变化，树立信心，这对搞好学生宿舍管理是一个有效的辅助管理方法，也是学生宿舍管理人员参加教育过程的有效措施。

学生宿舍心理咨询方法的特点是学生由被管理的被动地位转为主动地位，而管理者（教师、医生、管理人员）由主动地位变为被动地位。学生心甘情愿地向管理者诉说自己的"遭遇""苦衷"，以求得对方的同情、理解和指导，从而使焦虑、郁闷、孤独、压抑得到某种释放和宣泄，保持心理平衡。

心理咨询方法对帮助心理有障碍、行为受挫折的学生消除消极的心态，树立信心有重要的作用。学生认为对方是自己的师长、父辈，"救命"的医生，是信得过的，心理上消除了"防卫"和"戒心"。因此，向他们阐述的道理、行为规范、健康知识能听得进，又能双向交流感情，商讨问题，有较强的针对性，利于师生建立友谊，激发学生的潜能和消除自卑、自弃心态。

学生宿舍管理中运用心理咨询方法有各种不同的方式。一般讲，单独面谈，或约几个知心朋友一起谈，或采取书信、网上交流等方式回答问题、交换意见都是可行的。也可以针对学生中普遍感兴趣，或带倾向性的问题，举办研讨会，或开设咨询课，或请有名望的专家、教授、医生做专题讲座，并当场回答学生的问题，引导学生健康成长。

三、大学生宿舍管理的体制

（一）大学生宿舍管理体制概念

管理"就是在特定的环境下，对组织所拥有的资源进行有效的计划、组织、领导和控制，以便达成既定的组织目标过程"。管理不仅为实现组织目标服务，同时它还要运用组织中的各种资源来实现目标。管理工作的过程是由一系列相互关联、连续进行的活动所构成的，也是在一定环境与条件下进行的，所以，管理工作离不开特定的政治、经济、文化环境和条件，离开了特定的物质和政治文化条件来空谈管理，是不可能产生管理效果的。所谓体制，是指"国家机关、企业、事业单位等的组织制度"。

我国的大学生宿舍管理体制，是指在中国特色社会主义市场经济体制的现行教育体制和办学模式下，为了实现大学生宿舍的科学管理，为学生提供良好的生活、学习环境，通过对学生实施教育、管理、服务，实现育人目的而设立的学生宿舍管理机构，在宿舍管理过程中，明确学生工作部门、后勤服务（物业管理）部门、安全保卫部门、学生政治辅导员、宿舍管理人员之间的职责和权限的划分，以及学生宿舍管理的有关规章制度、管理决策程序等。

（二）大学生宿舍管理体制的类型

随着我国改革逐步深化，尤其是高校后勤社会化的推进，学生宿舍管理体制也在不断地发展变化。就目前而言，大学生宿舍的管理体制主要有以下几种类型。

1. 学生自我管理体制

学生自我管理体制是人本化管理在大学生管理体制中的具化。人本管理思想是针对 20 世纪初泰勒的科学管理过于强调对一切作业活动的计量定额，强调严格的操作程序，而忽视了对人的管理而提出的一种人性化管理。"人本管理在知识经济时代的立足点与核心是人的知识、能力的提高和创造力的培养，它要求管理者始终坚持以人为本的观念，建立起让每一位成员都有机会施展才能的激励机制，努力营造尊重、和谐、愉快、进取的气氛"，激发人们参与管理的热情、想象力和创造力。具化到学生管理体制上，就是学生自我管理体制。学生自我管理体制通过从住宿学生中公开选聘学生宿舍管理机构的工作人员，从事管理、服务工作，从而制定相应的学生宿舍管理制度、条例、工作程序、考核及奖励办法。同时，成立学生宿舍民主管理委员会，制定民主管理制度，使民主管理委员会的民主职权与学生宿舍管理机构履行的管理职能同步，相互制约，以提高学生宿舍管理水平。学校为学生住宿提供必要条件，配备相应的设施、设备，为有效地开展学生宿舍管理工作创造条件，授予职权，给予指导，积极理顺关系，做好服务工作。学生自我管理的形式有两种：一是学生宿舍完全由学生负责经营，自我管理、自我教育、自我服务，学校给予支持、指导。深圳大学、华侨大学就是这种形式。二是学生宿舍管理由学校提供支持、帮助，保证学生宿舍管理服务正常运行的同时，学生实行自我管理、自我服务。

2. 行政管理体制

这种学生宿舍管理体制由后勤部门为学生提供住宿条件，学校用行政方法集权领导，分散管理，管理方式、收费标准等都由学校领导决定。在管理过程中，学生工作部门、安全保卫部门、后勤服务部门按具体的分工各负其责。行政管理体制虽是行政集权，管理有力度，但由于分散管理口多，往往出现各自为政、互相脱节的现象，管理人员与学生之间容易产生对立情绪。诚然，这种管理体制在一定的时期内曾起到积极作用，可在提倡民主、和谐的时代，存在不少弊端，有待于进一步探讨、完善。

3. "主辅"管理体制

此种管理体制以行政管理为主、学生参与管理为辅，其形式主要有两种：一是选聘或有关部门推荐学生直接担任学生宿舍管理机构的副职或助理，协助中心主任（或科长）做好学生宿舍管理工作并由他们负责学生宿舍楼楼委会有关工作。二是由学生代表参加组成学生宿舍管委会，协助学校做好学生宿舍管理工作。"主辅"管理体制既可充分听取学生的意见和建议，锻炼学生的组织能力，又利于管理人员与学生之间沟通信息，交流感情，承认并支持学校采取的管理决定和措施。

四、大学生宿舍管理模式

（一）学生宿舍管理模式的含义

学生宿舍管理模式是指学校对全体学生宿舍进行管理活动时，所采取的组织形式和管理方式。学生宿舍管理模式是对学生宿舍进行系统管理的前提，它要受到社会制度、学校规模和学校管理体制等多种因素的制约，管理模式是否恰当，对能否充分发挥学生宿舍管理效能，全面实现管理目标有着重要的影响。因而，各高校都十分重视对学生宿舍管理模式的探索。

（二）我国的学生宿舍管理模式

在我国，目前各高校所采用的学生宿舍管理模式大致可分为以下四种类型。

1. 学生自主管理模式

这种模式要求学生自己组织起来，自己负责宿舍的安全、水电、公物维修、作息制度、卫生制度的制定和执行监督等，学校只给予学生理论上、方向上的指导和适当的经济补贴。这是充分体现学生宿舍民主性管理原则的一种模式。实现学生自主管理的主要机构是学生宿舍自我管理委员会，该委员会的成员由广大同学推举产生，报经学校批准。该委员会负责宿舍各种宣传、各种规章制度的贯彻落实、各项工作的检查评比、各种违章行为的批评处理、各种服务设施的使用及维修等一切宿舍管理活动。学生自主管理模式具有宿舍管理的针对性强、灵活性大、范围广、效益高等优点，在理论上值得推崇和肯定，但实际推行起来却因学生群体的自觉性不够，同时缺乏大批得力、过硬的学生干部而困难重重，因而只是在理论上加以肯定，在实际学生宿舍管理工作中却不常用。

2. 学生工作系统主管模式

这是以学生工作系统为主来管理学生宿舍的一种模式。此模式由各院（系）分管学生工作的党总支副书记或副主任、团总支书记、政治辅导员和班主任组成的学生工作领导小组，全盘兼管学生宿舍的安全、水电、卫生、维修等管理工作，后勤部门只提供物质保障。学生工作系统主管模式针对性、灵活性较强，有利于加强对学生的思想教育工作，促进学生的全面发展。但由于学生工作领导小组成员精力有限，教学、科研、宿舍管理工作很难兼顾，往往忙得团团转，却顾此失彼。因此，这种管理模式也逐渐不再采用。

3. 行政分工管理模式

此种模式是我国传统的学生宿舍管理模式，由学校各部门按其工作职能，分别负责某一单项的学生宿舍管理工作。如后勤服务部门提供宿舍、设备及维护环境卫生等；学生工作系统、校团委负责学生的思想教育工作；校保卫部门负责学生宿舍的安全。行政分工管理模式把整个学生宿舍管理工作分解成若干部分，划分细致，职责明确，有利于各专职部门形成对自己所从事工作的制度化和规范化。但是，随着学生宿舍管理工作的日益复杂化，行政分工模式越来越不适应实际工作的需要，它日益暴露出政出多门、推诿扯皮、协作性差、形不成合力等缺点。所以，它在当今学生宿舍管理中已逐渐被其他更先进、更合理的管理模式所取代。

4. 综合管理模式

所谓综合管理，就是以后勤服务总公司或学生工作部（处）为主管单位，学生宿舍管理科或学生宿舍管理中心为主要责任方，后勤部门、安全保卫部门、思想品德教育和学生工作部门，相关院（系、部）及参加学生宿舍管理工作的学生工作干部、管理员、保安人员等，按职责分工，相互配合，共同做好学生宿舍的管理工作。在宿舍管理过程中，行政管理、思想政治教育、经济、咨询疏导等方法和手段应交错使用，以提高学生宿舍管理的整体效能。管理的内容包括学生宿舍的卫生、治安、秩序、日常维修等，使学生宿舍内整洁美观，公共场所清洁卫生，房屋、设施、水电供应始终保持正常状况，宿舍秩序井然、舒适、文明，管理人员、服务人员、治安保卫人员积极治理宿舍环境，主动做好防火、防盗工作，及时预防和妥善处置突发事件，实现教育、管理、服务一体化。学生综合管理模式目前在我国大学生宿舍管理中较为普遍。在新形势下，伴随着高校后勤社会化的逐步完善，学生宿舍如何更有效地发挥好教育、管理、服务三项功能，不少高校进行了有益的探索。重庆交通大学的学生社区管理模式就是其中的典型，在全国产生了较大的影响，形成了学生教育管理、物业管理、安全保卫、饮食服务"四位一体"的管理模式。

第二节　大学生安全问题的管理分析

做好大学生安全管理工作，首先要求我们对大学生安全管理有一个清晰的认识。与其他安全管理相比，大学生安全管理有其特定的内涵和意义。本节将对这些内容作简要探讨，以使我们对其有一个基本的把握。

一、大学生安全管理的内涵

（一）大学生安全管理的含义

"安全"一词在《现代汉语词典》的含义：没有危险。[1] "无危则安，无缺则全"体现着人们在安全理解上的传统观念。安全是一个历史的范畴，具有时代的特性，在不同时期和历史条件下，人们对安全有着不同的理解和要求。

大学生安全管理是指管理者根据社会的要求，针对大学生群体特点，有计划、有组织、有目的地对大学生实施安全教育及管理，妥善处理各类安全事故，以保障高校稳定和大学生安全，最终达到引导大学生全面健康成长的目的。大学生安全管理已由以往单纯地强调校园安全管理向以建立教育、管理和事故处理一体化的服务体系转变，逐步成为以培育安全理念，提高安全素养，增强安全技能，促进大学生的全面健康发展为目的的安全管理活动。

---

[1]中国社会科学院语言研究所词典编辑室. 现代汉语词典[T]. 上海：商务印书馆，2016：6.

（二）大学生安全管理的特点

与其他安全管理相比，大学生安全管理有以下三个方面的特点。

1. 青年性

大学生安全管理的对象是青年大学生。因此，大学生安全管理是针对青年大学生特点的安全管理。当代大学生思想活跃，独立性强，有创新精神，对周围的事物，特别是新鲜的事物和知识反应迅速。同时，也应看到，大学生普遍存在着安全意识淡薄、社会经验不足、防范能力较差等特点。大学生安全管理更加注重通过对青年大学生在校期间的日常学习、工作和生活的教育及管理，培养大学生正确的安全意识和良好的安全行为，在发挥青年大学生自身优点和长处的同时，帮助和引导大学生养成良好的安全行为习惯。大学生安全管理的青年性特征也体现在大学生安全管理的内容、形式、方法和途径随着青年大学生在不同时代、时期的特点而不断地创新和发展。

2. 群体性

大学生安全管理是对大学生学校生活这个特殊的群体性生活环境的管理，是对青年大学生这一同质性群体的管理，具有明显的群体性特征。通过加强对寝室、教室、实验室、图书馆等涉及学生学校生活各个方面的常规安全管理，保障大学生在校期间的人身财产安全，维护学校正常的教学和生活秩序，有效地排除其他社会生活环境中的不良因素对大学生学校生活的干扰，为大学生创造一个良好的学校生活环境。

3. 教育性

大学生安全管理在对大学生学校生活进行常规安全管理的同时，也在对大学生进行着安全方面的常能训练。少数大学生疏于日常生活安全，缺乏基本的安全常识和技能，这给大学生学校生活以及其他社会生活带来很多的隐患，不利于大学生健康成长。管理本身也是一种教育，大学生安全管理是大学生积累日常生活经验的重要途径，是对大学生进行常能训练的重要内容。大学生安全管理要充分发挥其育人功能，以促进大学生全面健康成长。

大学生安全管理有四个方面的任务：一是宣传、贯彻国家安全管理工作的有关方针、政策、法律和法规。大力开展宣传教育活动，以校内外活动为有效载体，对大学生开展形式多样的安全政策和法律法规的教育，贯彻和落实国家安全工作精神，使大学生树立起安全意识。二是开展安全教育。利用各种渠道对大学生开展安全常识教育和安全技能培训，使大学生了解日常安全防护知识，具备日常安全防范技能。同时，注重对大学生开展早期的职业安全教育，结合专业特点，对大学生开展有针对性的职业安全教育和培训。三是进行日常安全管理。做好大学生日常安全管理工作，加强安全防范，维护正常的教学和生活秩序，保障大学生人身和财产的安全，维护校园安全稳定。四是安全事故的处理。建立健全规章制度，严格管理，明确责任，对出现的大学生安全事故进行及时、有效的调查和处理，做好应急预案，提高应急反应能力，控制事态发展，减轻伤害和损失。

二、大学生安全管理的意义

大学生安全管理对大学生、高校和社会都有十分重要的意义。做好大学生安全管理工作，关系到大学生自身的发展，关系到新时期高校的改革和发展，关系到社会的安定与和谐。

大学生安全管理有利于大学生自身安全素质的提高。安全素质是人们完成某种任务所必需的基本条件和能力。良好的安全素质既包括掌握基本的安全知识和安全技能，又包括在安全知识和安全技能基础上建立起来的安全意识和安全观念。大学生安全管理是提高大学生自身安全素质的有效途径。大学生安全管理是对大学生在校生活的管理，与大学生学习、生活紧密相连。通过各种管理活动，对大学生开展安全教育和管理，有意识地培养良好的安全行为规范，能够使大学生在参与活动中掌握相应的安全知识和技能，进而内化为自身的安全意识和观念，指导行为实践。

大学生安全管理有利于新时期高校改革和发展。近年来，随着高校办学规模的不断扩大，招生人数的不断增多，多校区办学模式的形成，高校安全管理工作面临着很多的挑战。相对开放式的校区如何有效地管理，学生住宿相对分散如何及时排查安全隐患，学生交通安全如何保障等安全问题需要大学生安全管理工作积极主动地作出反应。因此，作为高校安全工作的一项重要内容，大学生安全管理是随着高校改革和发展而不断发展的，已成为新时期高校改革和发展的重要内容之一。所以，只有正确地对待和处理好大学生安全管理问题，才能保障高校改革和发展的顺利进行，才能及时解决高校改革和发展中出现的大学生安全管理方面的新情况和新问题，才能形成合力，不断提高服务学生的能力和水平，促进大学生健康成长。

总之，大学生安全管理是新时期高校改革和发展的必然要求，有着重要的理论和现实意义。

大学生安全管理有利于社会的安定与和谐。学校的健康发展和稳定对经济社会的稳定和发展有重要的影响。在当前加快改革开放，全面建设小康社会的形势下，学校安全工作更显得尤为重要。大学生安全管理作为高校安全工作的重要组成部分，承载着管理和育人的功能。加强大学生学校生活的管理，为大学生在校学习和生活提供一个良好的生活环境，有利于维护学校正常的教学生活秩序。对大学生安全事故的处理，特别是对涉及大学生的突发公共事件，如突发公共卫生事件、突发自然灾害、突发恐怖袭击等事件的应急管理和处理，有利于充分保障大学生人身财产安全，有利于高校稳定与发展，有利于社会的安定与和谐。

三、大学生安全管理的内容

大学生安全管理的基本内容主要包括三个方面：大学生安全教育、大学生日常安全管理和大学生安全事故处理。

（一）大学生安全教育

安全教育作为安全管理的基本内容之一，是事故预防与控制的重要手段。安全教育是通过各种形式的教育和培训，努力提高人们的安全意识和安全技能，使人们学会从安全的视角观察问题和审视问题，用所学到的安全技能去处理问题的教育活动。安全教育的内容非常广泛，一般而言，大学生安全教育包括安全知识教育和安全技能培训两个部分。安全知识教育包括法律法规的教育、安全常识教育、早期职业安全教育，以及心理健康教育。安全技能培训包括日常安全防范技能培训和早期职业安全技能培训两个部分。与系统的安全理论知识教育相比，安全技能培训针对性较强，注重实践教学环节，着眼于培养大学生的实际动手能力，它的主要目的是使大学生具备在某种特定的环境或条件下安全顺利地完成任务的能力。

大学生法律法规教育，包括以下几个方面：基本的法律法规教育，诸如《中华人民共和国宪法》《中华人民共和国刑法》《中华人民共和国教育法》《中华人民共和国高等教育法》等。国家有关安全管理工作方面的方针、政策、法律、法规的教育，诸如《普通高等学校学生管理规定》《大学生行为准则》等。校规校纪的教育，特别是涉及大学生日常行为规范的教育，诸如校园治安秩序管理规定、公寓管理规定、教室学生行为管理规范、宿舍防火制度、学生违纪处分条例有关规定、文明离校有关规定、社团管理条例等。对大学生开展法律法规的教育，能够帮助大学生树立法律观念，形成良好的法律意识，使大学生对学校安全工作有一个总体性的了解，对自身所处的学习、生活环境有充分的认识，对自己在校园安全方面所承担的权利和义务有正确的态度，对自身在事故处理中所承担的责任有清醒的判断。

大学生安全常识教育，主要包括防火、防盗、防抢、防骗、防滋扰、防食物中毒、防止网络犯罪等与大学生学习和生活联系紧密的安全知识教育，目的在于使学生掌握安全防范知识，树立安全防范意识。对突发公共事件的安全知识的教育和普及，是对大学生进行安全常识教育的重点内容。通过对大学生开展突发公共事件的安全教育，使大学生对突发公共事件有全面的认识，掌握在自然灾害、事故灾难、社会安全事故、公共卫生事件等突发公共事件发生时所能用到的预防、避险、自救、互救、减灾等公共安全知识和技能。对大学生开展全面、系统的安全常识教育，能够帮助大学生建立起科学的、实用性强的安全知识体系，有效地保护自身安全和公共安全。

大学生早期职业安全教育也是大学生安全教育重要内容之一。早期职业安全教育主要是开展与大学生所学专业相关的安全教育，教育内容是在大学生实验室安全教育和实习实践安全教育的基础上，更加注重于对大学生走出校园、步入社会后，从事所学相关专业工作时，针对职业领域安全特点而进行的安全知识教育。早期职业安全教育体现着以人为本、终身教育的理念，更加关注大学生的未来安全。早期职业安全教育是提高大学生安全意识和安全素质的重要途径和手段。

大学生心理健康教育是大学生安全教育的重要组成部分。大学生心理健康问题受多方面因素的影响。学校是大学生学习生活的主要场所，也是大学生产生心理问题的主要影响因素之一。从大学生的角度来看，学习压力的增大、生活环境的改变、就业和考研竞争的激烈等都会导致大学生出现心理安全问题。从学校的角度来说，因教学方法不当、管理不严格、奖评不公等情况的发生也都会给大学生心理带来不良的影响，使学生思想、行为异常，缺乏安全感。因此，在对大学生进行安全教育时，对大学生开展全面的、适时的心理健康教育显得尤为重要。心理健康教育主要包括应对挫折的心理教育、恋爱与性心理教育、人际交往的心理教育、正视学习的心理教育和如何应对环境和角色改变的心理健康教育以及遭遇突发事件时的心理健康教育。心理健康教育能够帮助大学生了解自身的心理健康状况，掌握调节心理状态的科学方法，指导自身行为实践，保护自身安全和合法权益。

大学生安全防范技能培训，是在安全理论知识教育的基础上，着重培养和锻炼大学生处理实际安全问题的能力。安全防范技能培训主要是通过课堂安全技能的演示、课外实习实践、有组织的应急演练等活动，训练大学生防盗、防抢、防火、防人身伤害以及应对公共突发事件等日常安全防范技能，提高自身防卫能力。早期职业安全技能培训主要针对学生专业领域的安全特点，通过实习实践和专门训练等方式和途径，对大学生开展知识性和预防性的职业安全技能教育和培训，增强大学生职业安全素养和专业知识水平，促进大学生日常安全防范技能水平的提升。

（二）大学生日常安全管理

大学生日常安全管理是指对大学生在校期间的学习和生活过程中所涉及的安全问题进行的管理，主要包括人身安全管理、财产安全管理、消防安全管理、交通安全管理、社交安全管理、网络安全管理、卫生安全管理等。

人身安全是大学生日常安全管理工作中最重要的安全问题。大学生在校期间，威胁大学生人身安全，容易对大学生构成人身伤害的因素主要来自三方面：一是人为因素造成的不法侵害，如打架斗殴、寻衅滋事、聚众闹事等。二是因不可抗力造成的人身伤害，主要指自然灾害，如地震、雷击、山体滑坡、泥石流等。三是因意外事故造成的伤害，如摔伤、溺水、撞伤等。在大学生日常安全管理工作中，主要从以上三个方面着手开展大学生安全管理工作，规范大学生日常行为，防止诸如滋扰事件、伤害事件、人身侵害事件的发生，做好安全事故的预防工作。同时，在大学生受到人身安全威胁时，做到及时对大学生进行帮助和处理，并如实向主管部门和领导汇报，以有效保护大学生人身安全。

财产安全是大学生日常安全管理的一项基本工作。财产保护一般分为自力的保护和他力的保护。自力保护是指通过自己的力量，依靠所具备的安全防范知识和技能，对自己所拥有的合法财产采取措施进行保护。他力的保护是指根据国家法律的规定，依靠国家执法机关实现对个人财产的保护。随着科技的普及，信息时代的到来，大学生中拥有手机、笔记本电脑的人数不断增多，在带来更好的交互性和可移动性的同时，校园手机、电脑丢失，特别是手提电脑被盗的现象明显增加。近年来，随着高校实行的校园一卡通制度，即图书卡、饭卡、超市购物卡功能于一体的校园卡的使用，以及高校为大学生统一办理的银行信用透支卡业务的普及，在给大学生带来便利的同时，因大学生自身保管不慎而丢失、被盗的现象也相应增多，往往给大学生带来不小的财产损失。因此，在财产安全管理过程中，应充分利用安全管理活动，开展宣传和教育活动，引导和培养大学生增强自身财产安全保护的意识和能力。同时，着力从加强校园治安秩序、宿舍安全、公共场所安全等方面防止诸如抢劫、盗窃、诈骗等危害大学生财产安全的事件发生，加大打击力度，保障学生财产安全。

消防安全是高校安全工作的重中之重，任何部门和个人都有预防火灾，维护消防安全的义务。校园是大学生活动的主要场所，保护大学生的人身和财产安全，在大学生安全管理工作中，必须做好校园安全防火工作。公共场所，诸如图书馆、教学楼、体育馆、食堂、实验室等的防火安全管理是大学生安全管理的重要场所。对这些校园公共场所的管理主要包括建立健全规章制度和硬件配套措施，实行定期检查、报告和评估制度，重点检查消防设施、指示标志、应急照明、安全出口、疏散通道是否符合国家有关标准，做到严防火灾的发生。在防火工作中，对大学生集中住宿的公寓、宿舍楼进行安全排查和管理是大学生安全管理的重中之重。在管理中，必须坚决制止违章用电、用火等行为，在教育的基础上，对违反消防安全规定的行为进行严肃处理。

交通安全问题在保护学生安全的工作中处于越来越重要的地位。随着高校办学规模扩大，校区面积的增大，校区和在校学生人数的增多，城市交通发展，以及后勤服务社会化的因素影响，大学生校内外交通安全事故呈现上升的态势。这就需对大学生进行交通安全知识的宣传、教育和培训，明确责任和义务，帮助和引导大学生从关爱校园交通、关爱自身和他人生命出发，遵守交通规则，避免和减少校园安全事故的发生。同时，高校安全管理部门根据学校实际情况，制定切实可行的安全管理条例，严格执行规章制度，规范交通安全行为，从严管理校园交通秩序。

社交安全问题越来越受到人们的关注。随着科学技术的不断发展，信息化时代的到来，大学生社会交往活动不断增多，影响大学生社会交往安全的因素也在不断增加。近年来，由于缺乏必要的社交安全知识，以在高校应届毕业生求职择业中出现的社交安全问题为代表的大学生社交安全问题越来越受到人们的关注。这就要求管理者在大学生日常安全管理工作中，加强对大学生社交活动的规范和管理，在勤工助学、求职择业、社团活动、异性交往等社交活动中加强管理，规范和引导大学生社交行为，使其养成良好的社会交往习惯。

随着互联网技术在我国的发展，我国的网民数量已超过美国，居世界第一。信息化、网络时代的到来，给人们的生活带来了很多的便利。相应地，网络安全、网络行为问题也给人们以无尽的烦恼。作为紧跟时代步伐的大学生群体，是我国网民的重要组成部分。他们利用网络搜集信息，学习知识，交流沟通，促进自身更好地完成学业。然而，少数大学生迷恋网吧、浏览不良信息、沉迷于游戏、聊天交友、不慎受骗上当等问题时有发生，有的甚至走上了犯罪的道路。在大学生日常安全管理工作中，必须高度地重视大学生网络安全问题，加强网络监管，规范大学生的网络语言和网络行为。加强宣传教育，引导网络良好道德氛围的形成，坚决打击网络犯罪，维护高校网络安全。

卫生安全管理主要是指关系大学生学习生活的校园公共卫生安全，以及突发公共卫生事件的防控工作。近年来，校园突发公共卫生安全事件仍时有发生。卫生安全管理工作主要包括宣传、贯彻相关法律法规，对学校的公共卫生设施、餐饮设施、日常饮用水设施进行定期检查，保障校园公共卫生安全。同时，做好应急突发公共卫生事件的预防和控制工作。

（三）大学生安全事故处理

化解矛盾冲突，参与处理有关突发事件，维护好校园安全和稳定，是辅导员的主要工作职责之一。大学生安全事故处理主要是针对在学校实施的教育教学活动或者学校组织的校内外实习实践活动中，以及在学校负有管理责任的校舍、场地，及其他教育教学设施和生活设施内发生的，造成在校学生人身伤害、财产损害等后果的安全事故的处理。安全事故发生后，保护学生和学校的合法权益是大学生安全事故处理的主要目的和原则。大学生安全事故处理主要包括事故的调查取证、事故责任的认定、事故损害的赔偿和对事故责任者的处理四方面的工作。

事故的调查取证工作是事故处理中十分重要的一个环节，它是弄清事故发生的经过、查找事故原因、有效控制事故的重要步骤。学生人身和财产发生一般伤害、损失后，通过及时调查处理，开展相应的调查取证工作，以获取事故发生的一手资料，找出事故发生的根本原因。在校园内，发生诸如学生非正常死亡、重伤或被窃、失火等突发公共事件造成人身和财产重大损失时，辅导员应保持沉着冷静，迅速采取措施进行抢救和保护现场，并及时通知学生家长。同时，加强思想政治教育工作，稳定学生情绪，恢复正常的教学和生活秩序，协同有关部门妥善处理。在调查取证的基础上，形成调查报告及时向学院、学校，以及相关主管部门汇报。

安全事故责任的认定是在事故调查取证后，对各种证据资料汇总和分析的基础上，进行相应事故责任的判定。在安全事故责任认定的过程当中，主要依据相关法律法规及有关规定，对学校、学生或其他相关当事人进行责任认定工作。安全事故责任的认定，主要是根据事故相关当事人的行为与损害后果之间的因果关系依法确定。由于学校、学生或者其他相关当事人的过错所造成的安全事故，依据相关当事人在事故中行为过错程度及其与事故损害后果之间的因果关系认定其承担相应的责任。当事人的行为是事故损害后果发生的主要原因，应当认定其承担主要责任。当事人的行为是事故损害后果发生的非主要原因，应当根据实际情况认定其承担相应的责任。

对所发生的事故负有责任的组织或个人，按照法律法规的有关规定，确定其承担相应的损害赔偿责任。在赔偿的范围与标准上，按照有关行政法规、地方性法规，或者依照最高人民法院司法解释中的有关规定执行。对于参加了学校集体组织的意外伤害保险、责任保险等险种的学生，积极主动帮助学生做好保险的受理和赔偿工作。在事故发生后，根据投保险种和投保公司的不同规定，帮助学生及其家长做好相应的报案工作、报销凭证的准备工作，以及相关证明的开具工作等。

对事故责任者的处理，根据责任主体在事故中的具体情况，对事故责任者进行相应的责任追究。对造成安全事故负有责任的学生，依据事故实际的情况，以及对事故责任的认定进行相应的处理。因违反学校纪律而应对事故的发生负有责任的学生，根据学校相应的管理规定，诸如学生违纪管理规定、公寓管理规定、校园治安秩序管理规定等给予相应的纪律处分。因触犯刑律而对事故的发生负有责任的学生，交由司法机关依法处理。

四、大学生安全管理的手段

高校的领导者、管理者、教师都负有对大学生进行安全管理的责任，但从大学生安全管理实施过程的特点和方式看，辅导员的作用举足轻重。辅导员是高校教师队伍和管理队伍的重要组成部分，具有教师和干部的双重身份，是大学生日常思想政治教育和管理工作的组织者、实施者和指导者。因此，大学生安全管理是高校辅导员的重要工作内容之一。辅导员作为大学生安全管理工作的组织者、实施者，应从以下几个方面着手开展相关工作。

（一）加强宿舍、公寓管理

学生宿舍和公寓既是开展大学生思想政治教育的重要阵地，也是开展大学生安全管理的重要阵地。宿舍和公寓是大学生生活的主要场所，也是安全隐患和安全问题相对集中的场所，涉及大学生的人身安全、财产安全、用水用电安全、防火安全、网络安全等等。为此，宿舍和公寓是开展大学生安全管理活动的重要场所。

以宿舍和公寓为重要阵地开展大学生安全管理工作，能够使安全管理工作更加贴近大学生学习和生活，贴近大学生真实的安全需要，有利于以更为灵活的方式开展安全知识的教育和普及工作，有利于对存在的安全隐患及时加以处理，有利于引导大学生的思想和行为，促使大学生养成良好的学习和生活习惯。

以宿舍和公寓为重要阵地的大学生安全管理工作，涉及以下三个方面。

首先，深入寝室，关心学生生活，主动了解学生的安全需要。大学生安全管理工作中，从想学生之所想，急学生之所急入手，主动了解学生的安全需要，而不是被动地提供安全教育和服务。了解学生真实的安全需求，需要经常深入寝室，扎实开展教育和管理活动，从关心学生的吃、穿、住、用、行出发，与学生交朋友，融入学生集体生活，得到学生的认可和信赖，这样才能与学生交流和沟通，为他们解决现实学习和生活中遇到的安全问题，帮助他们及时解决安全方面的困惑。只有做到真正关心学生生活，并且主动了解学生的安全需要，才能使学生切身感受到安全管理的重要性，主动参与安全管理活动。

其次，严格管理，仔细排查安全隐患。在主动了解学生安全需要的同时，根据学生反映的情况和问题，仔细排查宿舍和公寓存在的安全隐患，特别是关系到学生人身财产安全的隐患，如防火安全问题、用水用电安全问题、公共卫生安全问题等等，做到发现一个解决一个，决不麻痹大意。同时，加强对学生宿舍和公寓的安全管理，杜绝学生在宿舍和公寓出现的不安全行为，如酗酒、违章用电、私带外人留宿等，一经发现，根据相应的管理规章制度严肃处理，以达到教育的目的。

最后，强化大学生安全管理的思想政治教育功能。思想政治教育工作在帮助大学生树立正确的安全意识，提高大学生的安全素养方面起着重要作用。在大学生安全管理过程中，充分发挥思想政治教育的功能，通过开展形式多样的安全教育活动，引导大学生的思想和行为，如网络安全行为、交往行为、公共安全行为等，从学习和生活的各个方面，引导大学生树立正确的安全意识和安全观念，建立集体安全责任感，从自身做起，自觉遵守安全规章制度，正确处理日常学习、工作和生活中遇到的问题，以有效地推进大学生安全管理工作顺利开展。

（二）做好案例警示教育

对学生开展安全事故的案例教育是大学生安全教育工作的有效手段之一。发生在校园内的安全事故案例接近大学生的日常生活，以这些真实的案例开展安全教育，更具有说服力。在安全教育中，对典型的案例深入分析，弄清事故发生的原因、过程、形式、危害及其规律，能够把安全教育以真实的形态展现出来，往往会给教育者和受教育者留下深刻印记，使大学生真正了解在什么情境会出现这种不安全的情况，出现这种不安全情况的原因，一旦发生类似的情况应该如何去面对和处理，如何运用日常所学到的安全知识和技能去解决问题，起到警示和教育作用。通过对安全事故案例的分析，能够使学生直观地认识和理解树立安全意识、具备安全知识和安全技能的重要性。

以案例教育为重点，做好大学生的安全教育工作，必须关注以下几点。

首先，建立案例教育库，做好大学生安全事故案例的归档、整理工作。在安全教育中，做到有针对性地开展案例教育，需要辅导员在日常安全教育及管理的过程中，注意收集、整理发生在大学校园生活中的，或与大学生人身财产等安全密切相关的典型安全事故案例，建立案例教育库，积累案例影音、图像和文献资料，认真分析研究案例对大学生安全教育的现实意义，并将其科学、有效地运用于大学生安全教育工作中。做好大学生安全事故处理后的归档和统计工作是开展安全教育，建立案例教育库的有效途径。通过对这些案例的比较分析，能够更好地掌握大学生群体对安全方面的认识水平和重视程度，发现安全教育中的薄弱环节，改进教育工作。

其次，根据环境、季节等变化规律，适时地开展案例教育。各类安全事故的发生几率是随着环境的不同和季节的变化、节假日的变化而相应改变的。因此，大学生安全管理应根据环境、季节等相关规律的变化而调整教育及管理的重心。相应地，组织开展案例教育也是如此。有针对性地、适时地设计和组织校园安全教育活动，通过安全知识竞赛、安全知识交流会、安全活动月、专家讲座等形式多样的安全文化活动，开展防盗、防火、防病、防事故的安全案例教育，并使其经常化。这就要求在大学生日常安全管理工作中，注意梳理不同环境、季节、节假日前后安全事故的规律性变化，及时搜集和分析校园安全案例教育的反馈信息，以增强校园安全文化活动和案例教育的针对性、实效性。

（三）引导学生自我安全管理

学生班级是学校工作的最基层，是学生的基本组织形式，是学生自我教育、自我管理、自我服务的主要组织载体。因此，大学生安全管理要充分发挥党团组织在教育、团结和联系学生方面的优势，注重依托班级、社团等组织形式，引导学生自我教育、自我管理、自我服务。

对大学生进行安全教育，实施安全管理，实质上是在努力引导大学生树立安全意识，实现自我教育、自我管理、自我关爱和自我服务。因此，大学生安全管理工作注重以班级和学生社团为依托，以充分发挥党支部、团支部、学生会组织的带头作用，为大学生创造和搭建良好的活动空间和平台，使其主动参与安全管理工作。大学生的自我安全管理，是高校大学生安全管理工作的一个重要组成部分，是完善大学生安全管理工作的有效途径。

实现大学生自我安全服务，首先要引导大学生实现自我安全教育。大学生自我安全教育是大学生自我安全服务和管理的良好开始，它使大学生由受教育者、被管理者、受保护者的身份，转化为教育者与受教育者的统一体，能够真正做到从群体和自身的安全需求出发思考安全教育问题。大学生的自我安全教育更贴近大学生实际生活，更有说服力和感召力。通过适时的、有针对性的大学生自我教育活动，支持以班级和社团为单位开展安全教育活动，鼓励开展以安全教育为主题的文艺节目演出、安全知识竞赛、安全知识讨论、安全知识信息交流会等活动，以达到自我教育的目的。

大学生的自我安全管理是在大学生自我安全教育基础上的一种管理活动。通过组织开展群体内部以及群体之间的管理活动，帮助和引导大学生群体开展以班级、年级以及社团为单位的安全管理活动，以达到巩固教育成果、实现自我教育的目标。在大学生安全管理工作中，除了加强对大学生团体组织的引导和管理外，还应注意对大学生自我安全管理组织的培训工作，使大学生团体组织具备相应的安全管理专门知识，知道如何管理，怎样高效地管理。

在大学生自我安全教育和管理的基础上，引导大学生努力实现自我安全服务，有助于培养大学生群体互助意识，培养团队精神，并善于及时发现身边的安全问题和隐患，实现互帮互助，互相交流。通过大学生的自我安全服务，能够加深大学生对安全管理工作的认同，形成人人参与服务，人人共创服务的局面。在大学生安全管理工作中，积极引导和支持大学生自我安全服务活动，充分调动学院、年级、班级及各党支部、团支部和学生会组织带头开展服务学校、服务学院、服务同学的安全服务活动。通过组建大学生安全服务队、大学生安全志愿者协会等大学生社团组织，并为其创造良好的活动空间，使其成为大学生安全管理工作的重要力量。

（四）妥善处理大学生安全事故

强化服务意识，提升服务理念，时时刻刻帮助学生和服务学生是做好大学生安全事故处理工作的出发点和归宿。也只有树立服务学生的理念，才能使学生在发生事故、真正需要帮助的时候能够想到老师、信任学校，能够在第一时间通知相关负责人，而不是发生事故后因顾虑对安全事故责任的追究而谎报、瞒报，不敢告知，也不愿意告知，以至于拖延时间，私自处理，造成更加严重的后果。这些都要求大学生安全事故处理工作做到以学生为本，关心他们的切身感受，关注他们的切身利益，真正树立服务理念，做好大学生安全事故的处理工作。

树立服务学生的理念，妥善做好大学生安全事故的处理工作，主要从以下三个方面入手。

首先，提高应急反应能力，第一时间处理。时间是安全事故处理过程中最为重要的因素之一。安全事故的处理是否及时，直接影响着安全事故损失的大小、影响范围的程度、事故当事人各项权益的保障以及事故责任的认定和追究。因此，在处理大学生安全事故的过程中，必须具备很强的安全事故应急反应能力，争取第一时间得到信息，第一时间到达现场，第一时间帮助学生解决实际安全问题。运用快速反应机制，制定事故处理预案，同时，注重发挥学生干部、党员、班委会成员的作用，要求他们经常与老师沟通，在发生安全事故时能够及时上报，以便对大学生安全事故进行及时有效的控制和处理。

其次，把学生的利益放在首位，做到妥善处理。学生安全事故的处理要贯彻落实保护学生的原则，把学生的利益放在首要位罩，切实保护学生人身财产安全，维护学生的各项合法权益，依照大学生安全事故处理原则和程序，做到公平、公正、公开地妥善处理。在涉及责任的认定和追究时，本着以合理适度、教育为主的原则，在事实认定的基础上，根据有关学生安全管理规定进行合理适当地处理，充分发挥和利用安全事故处理过程中的教育作用，引导学生认清安全事故的危害，勇于承担对于事故所应负的责任，并且从中吸取事故教训。

最后，以学生为本，做好事故处理后的教育工作。安全事故发生后往往会给学生的心理造成很大的压力，带来情绪和思想上的波动。安全事故的追究和处理也会给学生日后的学习和生活造成一定的影响。帮助和引导学生正确面对安全事故所带来的影响，使他们在今后的学习生活中变压力为动力，是日常学生思想教育工作中必须面对的问题。因此，在安全事故处理后，要特别重视对学生的跟踪教育工作，深入寝室、教室，与他们谈心、交流和沟通思想，为他们减轻心理压力，帮助他们正确认识和对待安全事故所带来的问题，引导学生回到正常的学习生活中来。只有以学生为本，认真、扎实地做好学生事故处理后的思想教育工作，才能更加有效地提升安全管理工作质量，做到防患于未然。

（五）拓展大学生安全管理办法

高校辅导员开展大学生安全管理工作要定期开展相关工作调查和研究，分析工作对象和工作条件的变化，及时调整工作思路和方法。需要与时俱进，一切从实际出发，实事求是，重视调查研究工作，对影响大学生安全的因素进行及时的搜集、分析和处理，以准确把握大学生安全管理中出现的新情况，根据不同环境和不同学生的特点，不断探索大学生安全管理工作的新内容与新途径。

扎实开展实践调研工作，包括以下两个方面。

首先，注重对学生网络行为的调研。当前，互联网络已经成为大学生首选的学习和交流的工具。交流方式的不断创新，实时网络语音交流、自助性聊天室的出现、QQ 群网络的组建、博客网站的兴起以及短视频平台的兴起给大学生的学习和生活带来很大的便利，这使得他们更容易就喜好和关心的问题相互交换各自的见解和看法。辅导员工作要渗透到大学生的网络生活当中，及时地、有效地引导大学生的网络思想和行为，减少和避免不良因素对大学生安全的影响，特别是公共性突发事件的发生对于学校、社会的安定与和谐的影响。因此，必须注重对学生网络行为的调查和研究，掌握大学生最新网络行为动态，不断探寻大学生网络行为规律。

其次，重视对学生社会生活的调研。大学生在校期间的学习和生活是有规律性的学校生活。大学生除学校生活外，还处于家庭生活和社会生活环境中，这些校外生活环境对大学生的成长以及他们的学校生活有着重要的影响。因此，重视对大学生校内外社会生活的调查和研究是做好大学生安全管理工作的必然要求。通过对大学生校内外生活的调研，掌握大学生在其他社会生活环境中的实际情况，分析这些情况对大学生学校生活的影响，及时调整大学生安全管理的思路和方法，帮助和引导大学生更好地适应各种社会生活。在调研中，对大学生社会文化生活的调查和研究是大学生安全管理的重点工作。社会文化生活错综复杂，游戏机房、酒吧、网吧、KTV 等娱乐场所往往给大学生的生活带来较大的消极影响。通过访问调查、普遍调查、抽样调查等社会调查方法，力求掌握大学生社会生活第一手资料，在分析、归纳和总结的基础上，梳理社会生活对大学生积极和消极两方面的影响，找到克服不良社会因素对大学生学校生活的影响的思路和办法，以引导大学生正确面对并积极参与社会生活。

第三节　大学生心理健康管理

一、心理健康

（一）健康

人们身处一个没有疾病困扰、营养充足且身体强健的环境。每个人都享有健康的身体，远离了各种疾病的侵扰，身心都得到了充分的呵护。

随着现代科技的飞速发展与社会文化的迅猛变革，健康的内涵和外延也发生了重大的变化，健康不再局限于无躯体疾病。1948 年，世界卫生组织（WHO）在宪章中把健康定义为："健康乃是一种生理、心理和社会适应都臻完满的状态，而不仅仅是没有疾病和虚弱的状态。"这是第一次对健康较为全面、科学、完整、系统的定义。这种对健康的理解意味着，衡量一个人是否健康必须从生理、心理、社会适应等方面进行分析，不仅要看他有没有器质性或功能性异常，还要看他有没有主观不适感，有没有社会公认的不健康行为。

1989 年，世界卫生组织又提出了 21 世纪健康新概念："健康不仅是没有疾病，而且包括躯体健康、心理健康、社会适应良好和道德健康。"新增加的道德健康是指不能损坏他人的利益来满足自己的需要，能按照社会认可的行为道德来约束自己及支配自己的思想和行动，具有辨别真伪、善恶、荣辱的是非观念和能力。道德是调整人与人之间以及个人和社会之间相互关系的行为规范的总和，是人们共同生活的行为准则与规范。违背道德容易导致紧张、恐惧等不良情绪，容易引发神经中枢、内分泌等系统的失调，降低免疫系统的防御功能。医学研究发现，贪污受贿的人容易患癌症、脑出血、心脏病和精神过敏，而为人正直、心胸坦荡、心地善良、淡泊名利则能使人保持身心的平衡与健康。可见，能否正确处理与他人、社会的关系对心理健康至关重要。

为了加深人们对健康的认识，世界卫生组织还在 2000 年规定了新的健康 10 条标准，具体如下。

①精力充沛，能够从容地应付日常生活和工作压力，不感到过分紧张。

②社会生活的态度积极，对于大事小事不过分挑剔。

③善于休息，睡眠良好。

④能够适应外部环境的变化。

⑤能够抵抗一般性的感冒和传染病。

⑥体重得当，身体匀称。

⑦反应敏捷，眼睛明亮，眼睑不发炎。

⑧牙齿清洁，无空洞，无痛感，无出血现象，齿龈颜色正常。

⑨头发有光泽，无头屑。

⑩肌肉和皮肤富有弹性，走路轻松。

由这 10 条标准前 4 条是心理健康的标准，后 6 条是生理健康的标准。生理健康与心理健康二者相互影响，相辅相成，缺一不可。当生理产生疾病时，其心理也必然受到影响，会产生情绪低落、烦躁不安、容易发怒等情况，从而导致心理不适；同样那些长期心情抑郁的人，也会导致生理疾病。

（二）心理健康

心理健康既是指一门学科，也是指一种实践活动，又是指一种心理状态，是探索和研究人的心理健康的形成、发展、变化的规律，以及如何维护和增进心理健康的学问。心理健康与大学生成长成才息息相关。

从广义上讲，心理健康是指一种高效而满意的持续心理状态。从狭义上讲，心理健康是指人的基本心理活动过程与内容的完整与协调一致。即心理健康是指生活在一定社会环境中的个体，具有一种持续良好的心境，其认识活动、情绪反应、意志行动处于积极状态，而且具有适当的调控能力，并能充分发挥其身心的潜能。

（三）心理健康的特点

1．心理状态具有相对性

首先，人的一生的发展会经历不同的阶段，各个阶段的心理特征具有相对性。比如，一个成年人一会儿哭，一会儿笑，喜怒无常，大家觉得他不正常，但一个小孩出现这个情况则是正常的表现。其次，社会化的要求也具有相对性，人的心理健康随着人们所处的时代、环境、文化背景等不同，其标准也不一样。比如，同性恋在美国的认可度比在中国高。

2．心理状态具有连续性

人的心理健康水平虽然可分为不同的等级，但是心理的"正常"和"异常"、心理健康与心理不健康之间并没有明确的和绝对的界限。一般认为，人的心理及行为是一个由"正常"逐渐向"异常"。由量变到质变，并且相互依存和转化的连续谱。

3．心理状态具有动态性

人的心理健康的水平受个人的成长、经验的积累、环境的改变、生活事件以及自我调适水平的影响。所以人的心理健康状况不是一成不变的，而是一个动态的过程。它可能因个体自身的发展而变化，可能因个体所处的环境而变化，可能因生活事件而发生而改变。

3．心理状态具有可塑性

如果我们的学习、生活出现了负性的应激事件，我们的心理健康水平就可能会下降，甚至会出现心理问题和心理疾病；反过来，如果心理有了困扰或出现失衡时，学会及时自我调整和寻求心理咨询的帮助，就会很快解除烦恼，恢复健康的心理。

二、大学生心理健康的标准和测定方法

（一）我国大学生心理健康的标准

大学生是一个特殊的社会群体，根据大学生的年龄特征、社会角色和心理发展的特点，我国大学生心理健康有其自身的标准：

1．有效的学习和工作

这是大学生心理健康的基本标志。心理健康的大学生能够正常地利用和有效地发挥自己的智慧和能力，在学习和工作中取得应有的成效，并从学习和工作中获得一定满足和乐趣。

2．客观的自我认识

心理健康的大学生对自己有比较客观的认识和评价，既不是过高地评价自己，以至狂妄自大，也不是过低地评价自己，以至自暴自弃，而是愿意努力挖掘和发展自身的潜能。同时，能够悦纳自己，对于自身通过能力而无法补救的缺憾，也能安然接受而不作无谓的忧怨。

3．适当的情绪反应

心理健康的大学生能够适时适度地抑制或调动自己的情绪，当引起某种情绪的因素消失之后，会视情况而逐渐平复，恢复到正常的生活形态，不会漫无止境地延长以至使整个生命都弥漫着这种情绪。能够经常地保持愉快、开朗、自信、满足的心情，善于从生活中寻求乐趣，对生活充满希望。

4．和谐的人际关系

心理健康的大学生总是乐意与人交往，并且在交往时肯定的态度（如信任、友爱、尊重、赞美等）总是多于否定的态度（如怀疑、憎恨、蔑视、嫉妒等）。在与人交往中能够保持独立而完整的人格，客观地评价他人，与

人和睦相处，乐于助人。对其所在的集体总是予以关心和爱护，有一种休戚与共的感情，必要时能为集体放弃个人的某种愿望。

5. 统一的人格

心理健康的大学生能够保持相对稳定的、有机统一的人格，能够以正确的人生观和信念为中心，将自身的需要、动机、思想、目标与行为统一起来，使其各种人格特征具有一致的倾向性。这并不是说大学生的人格一成不变，而是指随着客观现实的变化而发生相应的变化，并且在变化中保持各方面的协调性，从而使人格得到不断完善。

6. 与社会的协调一致

心理健康的大学生能够与社会保持良好的关系，主动地去了解社会和适应社会。如果发现自己的思想、欲望、目标和行动与社会的利益和大多数人的利益相违，就会放弃或调整自己的行动计划，以谋求与社会的　一致，逐步建立符合社会规范、适应社会变化的生活方式。有积极的处世态度，勇于改造现实环境，以达到自我实现与对社会奉献的协调统一。

在人生发展的过程中，心理的健康是一个动态的概念，人随时都有可能出现不健康的心理，大学生同样如此。只要经常对照心理健康的标准，及时调适自己。的心理，就能够保持心理健康。

（二）大学生心理健康的测定方法

人的心理是人脑的内部活动。科学无法直接测量人的心理，只能根据人的具体活动加以推测，通过测量作为心理外部表现特征的行为（如人的言行），间接知道人的心理特征和心理健康水平。

1. 精神检查法

精神检查法原指精神科医生收集精神科病史时，通过交谈与观察检查患者精神活动的一种常用方法。在这里引申其为对心理健康状况进行评判的一种方法。通常由具有心理健康专业知识的专业人员，在心理咨询或治疗中，对当事人做出心理健康问题的性质、类型、程度的评判。精神检查法多用于个别检查，要求评定人员具有较丰富的专业知识和经验，否则容易误判，尤其当症状不典型、不明显或时好时坏时，更需谨慎。

2. 心理测验法

心理测验法是运用各种标准化的心理健康量表对个体进行测试，把测试结果与常模进行比较，若某项测试结果超出该项常模过多，一般认为是异常的。此方法除个别使用外，还大量地用于团体测验和心理健康的流行病调查，其目的是为了把握某一人群的心理健康分布状况。目前心理健康测定中心理测验法是使用最广泛的一种方法，其用途很广：在教育工作上，它可以测量学生的智能、品德、个性发展，学习动机及兴趣爱好，便于因材施教；在人才选拔和职业指导上，有利于实现人岗匹配。每一种职业往往对就业人员的心理结构都有一定的要求，心理测验便是了解一个人心理结构的一种简洁、可靠的方法。常用的心理测验有智力测验、能力倾向测验、人格测验、成就测验及各类职业测验等。心理测验法虽然比较科学、可靠，但必须有相应的量表，而且使用者要经专业培训。目前有关心理健康方面的量表使用的范围、测定的内容有限，还不能满足需要，因此，人们也常用精神检查法。

在实际的心理健康测定操作中，尤其在面临难以判断的情形时，为了增加结论的可靠性，常将心理测验与精神检查两种方法结合使用，或先做心理测验，对提示可能有异常者再进行面谈和深入了解，或先做一般性精神检查，再用适宜的量表做专门评定。

3. 统计学方法

统计学方法是心理测验中经常使用的一种判定方法。如同人的身高、体重、红细胞数、血压等都有一个大致正常的范围，尽管个体心理活动的特征有较大的差异，但正常人心理活动的各个层面总体上有一个分布比较集中的. 区域，即常态区域。如果偏离常态分布，超过或低于某个临界限值，就可以视为心理异常。这种判定方法的好处是操作比较简便，有客观的统计学指标。但缺点是人群中的少数人（如智商特别高的天才）就可能被当做是偏离正常范围而被错误地诊断为心理障碍。而且，无论社会如何进步，即使是全体社会成员的心理健康水平全部有了很大的提高，只要个体间有差异，这些差异就会当做是心理障碍，就总是有 1% ~ 5% 的个体被认为存在心理障碍。

三、健康的心理对大学生的重要性

（一）健康的心理对大学生自我心理调适的积极作用

1. 调控情感

情绪是一种与需要相关联的心理体验活动，包括内在感知、生理唤醒和行为要素。情绪是把"双刃剑"，正性的情绪可以积极的协调人的心理各要素的活动，而负性的情绪则起相反的效果，简言之，积极的情绪使人产生积极的活动效果，消极的情绪使人产生消极的效果。大学生的情绪具有丰富性和复杂性、表达的不一致性、不稳定性以及阶段性和层次性的特点，如果情绪情感调控不当，则会不利于他们的学习和生活。健康的心理则会使他们产生积极的情绪体验，没有焦虑和抑郁，不会过分骄傲也不自卑，对待不公能够远离愤怒而表现为冷静和克制，对待优秀的同学不会心生嫉妒之心，懂得利用转移、宣泄、暗示等情绪调节技巧。可以说，健康的心理产生良好的情绪，良好的情绪会促进大学生的学习、生活以及个人发展。

2．建立人际关系

人生活在一张由人际关系织就的网络中，并在其中扮演着不同的角色，人际关系体现着个体与他人、社会的联系方式以及相关事情的处理方式，包含有认知、动机、情感、态度和行为等。心理出现障碍的大学生一般情况下不会有良好的人际关系，如有的大学生因为偏执、自卑、多疑等心理原因而感觉到与周围的同学格格不入。心理健康的大学生懂得自尊和尊重别人，情绪平和稳定，性格开朗，听得进与自己不同的声音，待人友善，有较高的宽容度，拥有互相帮助互相支持的朋友。总之，心理健康与人际关系是一种因果关系，有了心理健康的肥沃土壤，才能结出良好的人际关系这个丰硕的果实。

3．提高应激应对能力

应激，通俗意义上可以理解为"压力"。当外部环境或自我的需求超过了个体的承受能力时，压力就会形成。此时，个体的生理和心理便会发生一系列的变化，如果这些变化能够很好地缓解压力带来的不适感，那么这些变化便是良好的应激应对方式，对个体是有益的。压力可以是来自外部的，也可以是自己所施加的，例如，来自老师、同学、金钱、健康等的压力便是外部的；自我内心的挫折感、冲突感、压迫感均属于来自内部的压力。心理健康的大学生能够很好地化解来自学习和生活的压力，他们会将压力看作是自己成长过程中极其正常的一部分。压力来临时，他们表现出较好的解决问题的能力，通过一定的调节措施使自己保持良好的情绪状态，合理利用规避、宣泄和注意转移等方式来缓解较大压力带来的痛苦和烦恼，这些都是良好的应对方式。有的大学生因为没有掌握良好的应激应对方式，会采取消极或一些极端的行为来处理压力从而出现一些不良甚至是恶性的后果，网络成瘾、自残、自杀等均是应激处理不当引发的令人痛心的行为。

4. 提高适应能力

人类的发展历程可以看作是一部"适应史"，人的一生同样可以认为是一个不断适应的过程，在这一过程中，认知、情感、能力和社会性等方面得到逐步发展和提高。适应被定义为是个体通过自身状态的不断调整，使个人需要能够在环境中持续得到满足的过程，它是自我与环境的一种和谐、统一的良好生存状态。良好的适应能力依赖于健康的心理状态，心理健康的大学生能通过对外部和内心的准确感知、合理的情绪控制、良好的自我意识、健全的人格等呈现出积极的学习和生活状态，从而与外部环境协调、一致的发展。反观心理有一定问题的大学生，由于他们心理素质基础不够稳固，所以经常会在理想与现实、自我角色定位、学习适应、生活应对及人际关系处理上存在一种或多种矛盾和障碍，大学期间如果不能很好地解决个人的适应问题，将会给走出校门后的工作和生活带来"后患"，影响他们成长为合格的社会公民。

5. 提升职业发展潜力

大学生通过在校期间专业理论知识的学习以及实践技能的掌握，为今后的职业生涯夯实了从业基础。同时，我们更应该看到，仅仅具有学识是不够的，一个合格的社会建设者必须是德行兼备的，即使有再渊博的知识，若没有健康的心理做支撑，那么它的职业生涯也必将是充满坎坷的，而这些困难皆是因为自身心理原因造成的。如果大学期间便有良好的目标定向，有较好的"知""情""意""行"表达，走上职业道路后，其就会有准确的自我定位、良好的社会适应能力、较强的开拓和创新意识，从而可以使自我价值得到充分体现。

6. 优化学习心理

大学生学习的特点体现为学习的自主性提高、所学知识更加专业化、学习的多元性与创造性并存。有些大学生不能很好地适应这些特点和要求，表现出仅仅满足于课堂和课本，不爱探索新鲜和未知事物，精神不振，不爱努力，胆怯畏难，对于学习经常把"没意思""没劲"放在嘴边，这些不良表现从侧面也反映了他们的心理健康程度不甚乐观。相反，心理健康的大学生有着迫切的学习需要，对于所学知识表现出较大的兴趣和钻研劲头，求知欲明显，不被传统的条条框框所约束，想象力丰富，逻辑思维和创造性思维较强，开拓创新精神鲜明。

7. 化解心理危机

当遭受到严重灾难、重大生活变故或精神压力且用现有的条件和经验难以克服时，心理危机就会形成，这时，大学生的正常学习和生活秩序会被打乱，以免产生绝望、焦虑以及植物神经症状，甚至行为障碍。当心理危机来临时，个体最大的外在表现是情绪剧烈波动，而情绪的波动幅度与自我对引起危机的事件的认知、社会支持及应对方式有直接的关系。大学生常见的心理危机源主要来自学业、经济、感情、突发事件、家庭、社会环境及自然灾害等。健康的心理会使个体通过良好的沟通和合作、寻求必要的支持及自我调节干预等措施使情绪波动处于可控范围内，将危机给身心带来的伤害降低到最低限度。

8. 形成健康的恋爱观

由于生理和心理的发展，处于青春后期、成人初期的大学生逐渐产生了强烈的两性意识，加之社会对大学生在校期间恋爱问题的接受和宽容，所以大学生的恋爱现象呈现出鲜明的时代特点：恋爱普遍化和低年级化、恋爱公开化、追求浪漫且不计后果化、独立自主化、性观念开放化、交往渠道多样化及功利化。如果有健康的恋爱心理，可以使两性交往与学习、生活相得益彰，相反，不健康的恋爱心理将给学习和生活带来无尽烦恼。持有健康心理的大学生在恋爱中不会表现出强烈的占有欲，懂得付出，能够保持相对的独立性，而有的大学生在恋爱中则表现为过度理想化、索取大于付出、强烈的占有欲等。因此，大学生只有保持健康的心理，才能更好地克服恋爱中的光环心理、自卑心理、逆反心理、投射效应等不良心理倾向，使两性交往成为学习和生活的"促进剂"。

（二）健康的心理对大学生认知的积极作用

1. 形成正确的自我认识

（1）健康的心理有助于更好地接纳自我。有一部分大学生会特别在意别人的看法，哪怕一句批评、一个意见甚至一个眼神，都会使他心生波澜，或者会自我怀疑，或者踌躇不前，变得不自信和优柔寡断。这种情形体现了他们对自我的认识和自我的接纳程度不够深刻。心理健康的大学生对自我的接纳程度较高，相应地，自信、独立和果断的特征明显，一般不会陷入自责和犹豫之中，他们会较好地呵护和善待自己的内心，正视自己的缺点，懂得欣赏和赞美自我，如果真的遇到无法决断时，他们善于借助外界环境的力量而获得帮助。

（2）健康的心理有助于清晰地了解自身的"盲点"。所谓的"盲点"是指别人能够看得到而自己无法看到的属于自己某种内在的或外在的特征。"盲点"的存在左右着对自己客观的评价，某种情况下会影响着选择和决断行为，即使有人有意无意地给你指出"盲点"，但是有的人会采取不相信或者无视的态度，因此它是阻碍大学生心理健康发展的因素之一。心理健康的大学生能够正视自己的不足，会对所获取的自身的关于"盲点"的反馈信息进行分析和判断，如果是客观存在的，会采取自我纠正和弥补的态度，在一个个"盲点"的认识和克服的过程中心理得到更加完善的发展。

（3）健康的心理有助于促进自我更好的成长。身心健康发展的标志之一是心理和行为符合自己所处的年龄阶段，如果心理和行为低于这个阶段，那么个体就会被认为不够成熟，表现得较为幼稚。心理健康的大学生的身心发展会符合自己所在的年龄阶段，能够很好地处理好理想自我和现实自我的关系，不会好高骛远，也不会停步不前。他们会制定清晰、正确的自我发展目标和方向，并且执着于实现目标的过程中，有能力分清哪些事情是重要的、必须做的，而哪些事情是无关紧要的，表现出较强的自我意识和自我控制力。因此，健康的心理对于大学生全面、和谐发展是极其重要的。

2. 于健全人格的塑造

大学生所应具备的健全人格表现为"四自"，即自立、自强、自尊、自信，还表现为较强的社会适应能力，这也是社会所需要的合格人才的必备素质，健康心理对大学生健全人格的塑造有着积极的推动作用。

（1）健康的心理有助于大学生形成正确的社会知觉。心理健康的大学生能够更好地展现出"察青观色"的能力，即对社会环境的敏锐的感知和判断能力，如能快速而准确地从一言一行、一举一动中洞察别人的所思和所感，进而准确地感知和了解到外界对自己的态度和看法等反馈信息，这些信息恰恰是下一步所采取的行为的基础和依据，这种感知和了解绝不是自己的主观臆测，而是在健康心理的主导下对客观事实的分析和判断。这种"知己知彼"的良好社会知觉能力无疑对和谐人际关系的建立具有一定的推动作用。

（2）健康的心理有助于大学生形成客观的自我认知。研究表明，如果个体对自己的认知越客观，身心的和谐度就会越高。自我防御的需要就会越低，从而表现为较强的适应性，对自己过低或过高的评价会打破身心的平衡状态，产生诸如抑郁、焦虑、强迫等，进而滋生心理困扰。心理健康的大学生往往对自己有较为客观的评价，自我的评价、他人对自己的评价以及社会对自己的评价三者较为统一，不会过分苛求自己，积极地悦纳自我和接受自我，能够理性地对待自己的缺点和优点，不会因缺点而自卑，也不会因优点而自傲，懂得扬长避短、取长补短的道理。良好的自我认知会促进良好自我意识的发展，心理健康的大学生既不会表现出以自我为中心的过强的自我意识，也不会表现为随波逐流的过低的自我意识，他们会结合自身的能力、兴趣、气质和性格等特点表现出自信、自尊和自制的精神面貌。

（3）健康的心理有助于良好意志品质的培养。我们说，只有具备了坚强意志品质的人才能有更大的成功的机会。意志是行动的坚强心理后盾，是有勇气克服困难的心理源头。心理健康的大学生一般具有较强的目标自觉性，能够树立合理的目标并且围绕目标而调节自身的行为，面对失败和挫折时他们往往能够合理调节和控制自身的情绪，保持旺盛的斗志和坚韧的精神去面对各种挑战。在生活情境中，他们同样展现出良好的意志品质，人际交往上做到宽以待人、直率坦诚、不卑不亢，能够接纳自己和别人的不足，懂得欣赏，拒绝埋怨。这种良好的意志品质为今后走向社会、走向成功奠定了基础。

（4）健康的心理有助于个性结构的协调性发展。个性倾向包含了需要、兴趣、动机、理想、信念等构成要素，心理健康的大学生在这些构成要素上能保持一种动态的平衡状态，要素之间不会产生互相拮抗，而是互相支持，互相协调，互相统一。在这种平衡状态下，个体在认识方式、言语方式、情绪情感和行为方式上表现出协调统一性。这种个性的完善也促使个体的世界观更加理想和完善。

四、大学生心理健康的培养途径

（一）宣传心理健康知识

在我国，从小学、中学到大学都缺乏相应的系统心理健康教育，大学生对健康的认知存在着不同程度的偏差。这些偏差主要表现在两个方面：

一是对健康含义的片面理解。一部分大学生并没有认识到心理健康是评价健康与否的重要组成部分，他们只注重身体健康而忽略了心理健康。二是对心理健康含义的片面理解。他们往往认为只要没有心理疾病就是健康，而忽略了大学生应具有的持续的、积极的心理状态，忽略了自身潜能的发挥。为此要充分利用学校广播、电视、计算机网络、校刊、校报、橱窗、板报等宣传媒体，通过第二课堂活动，广泛宣传、普及心理健康知识，强化大学生的参与意识，提高广大学生的兴趣。大学生掌握了心理健康的知识，就有了自助的能力，能防患于未然。

（二）开设大学生心理健康教育课

大学生心理健康教育课，是为满足大学生适应自我成长成才的迫切需要而开设的一门重要课程，旨在使学生较系统地掌握心理健康的基本知识，介绍增进心理健康的途径和方法，帮助大学生认识健康心理对成长成才的重要意义。心理健康教育课以课堂教学为主要形式，针对性强，信息量大，学时相对集中，师生交流便捷，在大学生心理健康教育的众多途径中具有独特地位。要建设一支以专职教师为骨干，专兼结合、专业互补、相对稳定的大学生心理健康教育与咨询工作队伍；并通过知识传授、案例教学、体验活动、行为训练等多种形式，努力提高课堂教学的水平和效果。

（三）开展心理咨询

心理咨询是由专业人员即心理咨询师运用心理学以及相关知识，遵循心理学原则，通过各种技术和方法，协助来访者解决心理问题的过程。积极创造条件建立心理咨询室，对学生进行心理辅导，同时还要建立一支以精干专职教师为骨干、专兼结合、专业互补、相对稳定的心理健康教育工作者队伍，开展心理咨询工作。心理咨询又可分为个体心理咨询和团体心理咨询。大多数时候，应采取一对一的个体心理咨询。此外，还可把具有相同心理困扰的学生组成一个小组进行团体咨询，在这个小组中，他们可以获得一种支持性力量，觉得自己不再孤单，从而增强克服障碍的决心。

（四）进行自我教育与自我调节

自我教育是大学生在自我意识的基础上，为了形成良好的心理素质而对自己自觉进行心理调节和行为控制的活动，是大学生主观能动性的表现，也是心理健康发展的内在力量。自我教育、自我调节是心理健康教育中的关键环节，起着决定性作用。大学生可以通过以下几种方式进行自我教育、自我调节，从而不断提高自己的心理健康水平。

1. 建立科学合理的学习生活秩序

大学生要增进心理健康，必须建立科学合理的学习生活秩序。另一方面，要科学用脑。学会用脑卫生，改进学习方法，科学地支配时间，劳逸结合，避免死记硬背和疲劳战术。运用心理学的原理来组织自己的学习过程，提高学习能力和学习效率。

2. 学会转换心情

当发生不愉快的事情的时候，不要总是想着它，要避免愤怒情绪的最终爆发，可以告诫或者提醒自己制怒，可以脱离现场出去散散步、看看电视、电影、打打牌、找朋友玩等。幽思苦愁无济于事，不如抛开它，去做一些可以转换心情、调节情绪的事情。如果总是郁结于心，耿耿于怀，不仅无济于事，反而会使不良情绪不断蔓延，日益加重。

3. 学会合理宣泄

大学生受挫后，心理上处于焦虑、愤怒、冲动的应激情绪状态中，如得不到妥善的化解，就有可能表现出攻击、轻生等种种消极的行为反应。这给大学生本人或社会都会带来不良的后果。因此，采取一些合理的宣泄方式，恢复心理平衡对于大学生来说是十分重要的。

第四章　大学生学习管理问题分析

第一节　大学生学习行为及其管理

大学阶段，学习是学生的首要任务，大学生的学习行为直接影响自身的成长与发展。因此，加强大学生学习行为的管理和引导，能够帮助学生培养积极的学习意识、掌握科学的学习方法、养成良好的学习习惯。

一、大学生学习行为的类型与特点

《现代汉语词典》对"学习"的定义有两类，一是指从阅读、听讲、研究、实践中获得知识或技能。二是指效法。从学习的概念来看，广义的学习是指人和动物依赖经验来改变自身行为以适应环境的神经活动过程，它包括人的学习和动物的学习。狭义的学习是指人掌握人类社会经验的过程。

大学生学习行为是指大学生所开展的一切和获取知识、技能等目的相关的活动中表现出来的行为。从本质来说，大学生的学习行为是对于社会和自然的一个认识过程，是从无知到有知，从知之不多到知之甚多，从对社会和自然的盲目性认识到自觉性认识的过程。

（一）大学生学习行为的基本类型

1. 按学习方式划分

（1）教师引导型。大学生在大学阶段的学习行为主要由教师的引导、传授获得。但是与中学课堂上教师的教育方式不同，集中的课堂专业学习已难以满足学生发展的全方位需求，教师除进行直接的知识传授外，更多地扮演指导者和领路人的角色。

（2）独立研究型。指学生通过利用网络、图书馆等学习资源独立开展学习和研究。

（3）集体研讨型。指学生可以根据兴趣、爱好、专业的不同组成学习小组，集体进行研讨学习的学习行为类型。"独学而无友，则孤陋而寡闻"，

"三人行必有我师"，大学生在学习过程中，除了在教师指导下进行专业学习外，还经常会组建以学习为目标的各种群体，通过朋辈交流开展学习活动。

2. 按学习动机划分。

学习动机是推动学生从事学习活动，并朝一个方向前进的内部动力。学习动机和学习行为相互影响，一方面，人的学习需要一定的学习动机来维持。另一方面，学习动机需要通过具体的学习行为实现。按学习动机可将大学生的学习行为分为以下几种类型。

（1）自我实现型。指大学生以实现个体的需要、兴趣、理想、信念、人生观等作为主要学习行为动机而开展的学习行为。对学习个体而言，这类学习动机属于内部动机，具有积极性、自觉性和主动性等特征。

（2）知恩图报型。指学习行为动力主要来源于对父母、师长、社会恩遇的回报。这类学习行为主要以情感为基础，学习动机一般相对稳定。

（3）谋求职业型。是主要以寻求理想的职业作为学习动力的学习行为。此类学习动机属于外部动机，往往会随着外部条件而不断发展变化。

（4）应对考试型。是主要以通过考试、取得成绩作为学习动力而激发的学习行为。

3. 按学习结果划分。

美国教育心理学家罗伯特·加涅按学习的结果把学习活动分为五类。大学生的学习行为也可以从这一维度进行划分。

（1）言语信息的学习。学生掌握的是以言语信息传递（通过言语交往或印刷物的形式）的内容或者学生的学习结果是以言语信息表达出来的。这一类的学习通常是有组织的，学习者得到的不仅是个别的事实，而且是根据一定的教学目标给予许多有意义的知识。

（2）智慧技能的学习。这是指学习者将利用符号转化成自身能力的学习，智慧技能并不是单一形式，它有层次性，由简单到复杂，包括辨别、概念、规则、高级规则四个层次。言语信息的学习帮助学生解决"是什么"的问题。而智慧技能的学习要解决"怎么做"的问题，以处理外界的符号和信息，又被称为过程知识。

（3）认知策略的学习。认知策略是学习者用以支配他自己的注意、学习、记忆和思维的有内在组织的才能，这种才能使得学习过程的执行控制成为可能。简单地说，认知策略就是学习者用来"管理"他的学习过程的方式。这种使学习者自身能管理自己思维过程的内在的有组织的策略非常重要，是目前教育心理学研究中的热门课题。认知策略的培养也应该成为学校教育的重要任务之一。

（4）态度的学习。态度是通过学习获得的内部状态，这种状态影响着个人对某种事物、人物以及事件所采取的行动。人的行动是受态度影响的，而且态度还是人的动作的结果，所以学校的教育目标应该包括态度的培养。

（5）运动技能的学习。运动技能又称为动作技能，如体操技能、写字技能、作图技能、操作仪器技能等。

（二）大学生学习行为的特点

与一般的学习行为相比，大学生阶段的学习具有非常突出的特点，具体来说有以下几个。

1. 专业性与广泛性并存

由于大学教育在培养目标、教学内容、课程设置上具有明确的专业划分，大学生的学习活动一般都围绕某一类专门性学科、依据专业的培养目标展开，其学习行为带有鲜明的专业性特征。另外，在大学课程体系中还包含外语、计算机等共同基础知识，伴随大学生学习活动的空间逐渐从课内向课外拓展，从现实向网络拓展，大学生除专业学习，还经常根据自身兴趣爱好广泛涉猎、自主学习各种理论知识和技能。因此又呈现广泛性特征。

2. 自主性与依赖性并存

当前在高等教育学分制和弹性学制的背景下，大学生的学习行为具有鲜明的自主性特征。他们可以在完成规定课程学习的基础上自由选课，有较多的业余时间对学习目标和内容进行规划设计，有目的地开展学习活动。但是，大学生由于受到自身素质、知识结构、学习能力等方面的限制，一定程度上还需要在教师的指导下进行学习活动，其学习行为还存在一定的依赖性。

3. 阶段性与整体性并存

从现实来看，大学生在大学学习的不同阶段，其学习目标和学习重点也往往各不相同。如本科生在大一年级时学习处于过渡期，还处于中学和大学之间的转型阶段，其学习行为多侧重对专业基础知识和公共基础知识的学习。进入大二年级，学生已经开始侧重进行各种专业理论和基本技能学习，这一阶段的学习行为往往呈现出一定的稳定性。到了大三年级，大学生的学习目标日益明晰，学习内容逐渐向纵深发展。围绕各自目标，学生的学习行为差别趋于明显。进入大四年级，学生开始面对择业问题并即将走向社会，学习行为更具有实用化、实践化的倾向，如进行专业实习、毕业设计、参加就业技能培训等。在大学生学习行为呈现阶段性特征的同时，从整体上看，大学生的择业成才的学习目标相对确定、所学专业的学习内容相对稳定，学习行为始终围绕自身的学习目标和学习内容这一核心开展，也呈现出整体性特征。

二、大学生学习行为的管理与引导

近年来，随着社会的发展和高等教育改革不断深化，大学生学习行为更趋于自主化、个性化，但也由此引发了一系列新问题。如部分学生仍以及格万岁的应试动机为主导，学习行为缺乏主动性和创造性。为了盲目追求成绩，甚至出现考试作弊、论文剽窃等现象，并对学校和个人造成不良影响。因此，加强对大学生学习行为的管理和引导，帮助学生摆正学习心态，明确学习目标，提升创新能力，成为当前大学生学习行为管理的重点。

（一）明确学习目标，激发学生深层学习动机

学习动机与学习目标是紧密联系的，任何学习动机都是出于学习目标的需要。对于大学生的学习行为管理引导，首要的任务就是帮助学生树立科学的学习目标、强化学习行为的目标意识，进而形成科学的学习动机。具体来说，一是要引导学生充分理解个人需要与社会发展之间的关系。能够将个人需要与社会发展相结合，树立科学的学习成长目标。具体工作中要通过外在正面激励强化、职业发展辅导等方式，帮助学生认识到只有树立起明确的学习目标，才能在大学期间获得充分的发展。二是要充分激发学生的深层次学习动机。

在当前大学生就业形势比较严峻的背景下，学生学习动机实用化、功利化是有其合理性的，但是学习行为的过分功利化，会逐渐导致学生失去学习的愿望和兴趣，甚至阻碍学生的发展成才。开展学习行为管理，要从每个学生个体的自身特质和兴趣爱好出发，通过唤醒学生的内在学习兴趣、激发求知欲，引导学生正确认识学业发展、树立积极的学习期望，从而挖掘学生的最大潜力，形成长期的学习动力。

（二）强化自主学习管理模式，提升学生自主学习能力

大学阶段的学习，传授知识固然重要，但更为关键的是培养学生自主学习的能力。一方面，要有针对性地客观分析学生内在素质，进而针对学生个性特点和发展需求，制定合理的阶段性学习规划，对学生自主学习进行方法指导，如建立自主学习规范、制定大学四年学习规划、完善自主学习制度等。另一方面，可以探索自主学习与小组学习相结合的方式，改变学生在学习上习惯一个人单独学习多，而小组合作学习少的状况，组织学生进行合作学习，充分发挥朋辈集体智慧，促进自身学习能力的提升。此外，还要为学生自主学习提供充足的资源和良好的环境，不断丰富完善图书馆、网络教学等公共学习资源，积极为学生创造自主学习实践机会，让学生在实践探索中不断强化自主学习意识、提升自主学习能力。

（三）建立科学长效的学习奖惩机制，营造良好的学习氛围

学习奖惩机制是国家和学校人才培养方向的具体体现，对学生学习行为有着直接的导向作用，是确保学生学习行为健康发展的重要制度保障。一方面，以促进学生全面发展为指向，本着正面激励为主的原则，构建科学长效的学习奖励机制。对综合素质较高、专业学习优异、专长突出的同学给予充分的物质奖励和精神奖励，充分激发学生的内在学习动力和学习的积极主动性，为学生学习行为提供明确的发展导向。另一方面，学校要切实加强大学生学习行为的纪律规范，保障学校正常的教育教学管理秩序，加强校风学风建设，对于违反学校相关管理规定的学生，要严格公正地纠正其不当的学习行为，要本着教育为本、严格规范的原则进行管理，建立警示、预防、处理等相关机制，严肃校风校纪，为学生提供公平、公正的学习环境．营造诚信、踏实的求学风气。

第二节　大学生就业问题的规划与指导

一、当前大学生的整体就业现状

（一）毕业生就业满意率较低

毕业生就业满意率低主要体现在大学毕业生对薪酬、专业对口率、就

业稳定性、事业发展预期空间等满意率较低。很多学生在初入大学时持有"大一先轻松一下，大二大三再努力也不迟"的心态，对自己的未来发展缺乏科学的规划，这往往成为他们面对就业压力时感到手足无措的一个重要原因。随着就业压力的增大，毕业生的就业定位越来越趋于理性，更多的大学毕业生面临的问题不是找不到工作，而是找不到满意的工作。就很多毕业生而言，与其说是"就业困难"，不如说是"就业迷茫"，不知道自己能从事什么样的工作、该从事什么样的工作。

（二）毕业生就业能力不高

就业能力是在学习基础上发展起来的与职业相关并嵌入个体身心的一种综合能力。对个体而言，就业能力包括个人成功就业、维持就业和获得晋升的能力，以及自我就业的能力。随着高等教育的改革，高校已经由过去的"精英教育"转变为"大众教育"，随着高等教育的市场化水平逐步提高，以及大学毕业生就业制度从过去的"计划分配"到现在"以市场为导向、政府调控、学校推荐、学生与用人单位双向选择"的转变，过去的"毕业即就业"的局面已经被打破，用人单位对应聘者的实际能力提出了越来越高的要求。

大学毕业生作为劳动力市场主体的重要组成部分，社会人才需求结构、规模和个人的知识、能力、素质、观念、就业目标等因素，都将影响大学生的就业。近年来，大学招生数量不断扩大，学校的办学条件改善却不大，使毕业生质量较以往有所下降；同时，很多大学生缺乏能力培养的意识，不知道社会需要什么样的人才，缺乏工作经验和基本技能，"学"与"用"没有紧密结合起来，各方面原因导致目前毕业生就业能力不高。

（三）对毕业生的需求量萎缩

金融危机的日益扩散对高校毕业生的就业也造成了影响。我国金融、地产、外贸类企业以及位于长三角和珠三角的加工制造类企业的招聘岗位锐减，保险、汽车、航空、旅游、广告等行业也遭遇"寒流"，用人需求明显减少。金融危机一方面使失业人员数量极大增加，另一方面使企业招聘岗位减少甚至取消，使高校毕业生就业形势更加严峻。

（四）毕业生的预期薪酬下降

大学生择业就业的标准就是就业目标的体现，而现今大学生择业就业的标准主要通过薪金水平、工作环境、社会地位和声誉、受教育机会、个人发展等来体现。在日益严峻的就业形势下，昔日的"天之骄子"们显然在心理上已经完成了向普通劳动者的转变。调查显示，毕业生已经走出"要价"过高的误区，预期薪酬回归理性，出现大幅下降的明显趋势。

（五）考研和考公务员热持续升温

在"找工作难，找好工作更是难上加难"的情况下，很多大学生将目光锁定在考研究生和考公务员（或是参加选调生考试）上，考研大军和考公务员一族人数越来越多，竞争激烈程度逐年加剧，这浩浩荡荡的大军中有相当的比例为应届大学毕业生和往年未就业不稳定的大学生。

（六）民企业就业率增加

随着就业形势的不断严峻，机关、教学科研、医疗卫生等事业单位和国有企业短期内无法提供大量的就业岗位，因此，到机关、教育科研、医疗卫生等事业单位和国有企业就业的毕业生比例继续降低，而到其他企事业单位和自主创业的毕业生比例逐年增高，更多的毕业生将流向民营、三资企业和其他事业单位。

（七）国家引导政策效应明显

引导毕业生面向基层就业工作取得了突破性进展。2008 年，中组部、教育部、财政部、人力资源和社会保障部等部门联合启动"选聘大学毕业生到村任职"项目。随着国家引导政策不断完善，毕业生去西部和基层的热情持续高涨，"农村义务教育阶段老师特设岗位计划""选调生计划""三支一扶计划""大学生志愿服务西部计划"的规模有所增大，社会影响进一步扩大，国家和地方的政策引导效应正逐步显现。2022 年国务院办公厅《关于进一步做好高校毕业生等青年就业创业工作的通知》指出，拓宽基层就业空间。结合实施区域协调发展、乡村振兴等战略，适应基层治理能力现代化建设需要，统筹用好各方资源，挖掘基层就业社保、医疗卫生、养老服务、社会工作、司法辅助等就业机会。社区专职工作岗位出现空缺要优先招用或拿出一定数量专门招用高校毕业生。继续实施"三支一扶"计划、农村特岗教师计划、大学生志愿服务西部计划等基层服务项目，合理确定招募规模。

二、 当前大学生就业困难存在的主要问题

近几年，大学生就业难的问题已成为社会关注的焦点，为了缓解就业压力，政府出台了多项政策，采取了相应措施，鼓励和帮助大学生就业。这些政策和措施虽然起到了一定作用，但要想从根本上解决大学生就业难的问题，还需要政府、高校、学生甚至社会公众的共同努力。就业难并非只属于大学生这个群体，只是大学生代表着知识、素质和美好未来，寄托着家长和社会的太多期望，这个群体的就业受到更大的关注。

（一）高校毕业生面临供需总量的压力

目前，社会对劳动力的需求在宏观上呈现为劳动力供大于求。昔日被誉为"天之骄子"的大学生就业面临较大的压力和难度。

我国大学毕业生人数连续数年大幅增加。自 1999 年开始，全国高校大规模扩招，经过几年的发展，我国高等教育规模不断扩大，全国毕业生人数也逐年增长。虽然有观点认为大学生就业难与扩招并无直接关系，但高等教育规模的从持续扩张使得大学毕业生数量不断累积，必然会对产生一些就业问题。高等教育规模的扩大，一方面使大学生的存量资源迅速扩大，另一方面每年的增量也不断创出新高，使得大学生这种人力资源逐渐由"卖方市场"过渡到"买方市场"。

（二）部分高校人才培养目标与社会需求脱节

有些高校为了扩大自己的招生规模，在没有对社会所需求的人才和专业进行缜密的调查就开设一些适应社会能力不强的专业，造成学生学习之后面临着毕业就失业的困境。这样没有根据社会需求进行招生，制定培养计划的行为在很多高校都操作过。高等教育与高等职业教育之间也是矛盾凸显，有些高等职业教育培养的技能型人才在社会上供不应求，但是高等教育培养出来的人才没有合适的工作机会，但是由于现在社会对高等教育与高等职业教育的区别对待，很多人宁愿选择高等教育，而不是根据自身的情况选择合适的学校进行学习社会技能。

在一些高校中普遍存在这样的两种情况：一种是高校的专业设置和课程安排与现在社会所需求的完全不符合，很多高校还是一直沿用以前的教育计划安排，不及时根据社会人才变化的需求进行更新。另一种是在高校开展的社会实践活动活动与现在社会所需要的实践经验没有很大的关联，

很多高校只是为了应付教育部的相关规定而展开一些社会实践活动活动，但是学生在这些实践活动中学习不到任何有助以后步入社会的所需要的能力，这些实践活动没有起到任何的效果。很多学生在这些实践活动中也抱着敷衍的态度，这对以后职业能力的培养没有任何的帮助。

（三）社会就业观念滞后于就业形势变化

随着经济不断的发展，社会对人才的需求也在不断的调整，高等教育毕业的学生也没有了以前的优势，不同岗位对人才能力的需求也各不相同，有些毕业生的就业观念也导致自身就业的困难。以前的大学生数量稀缺，毕业就业方式也是采取分配形式，大学生没有为就业烦扰过，但是这种就业形式已经不再适应现在的社会。由于现在社会结构的不断调整和社会人才需求的多样化，高校的毕业生都是采用双向选择，很多学生的就业观念还是得不到转变，还是想着能找到"铁饭碗"，在就业中不积极主动，就希望自己能够有足够好的运气，进入到稳定的单位中。现在随着社会竞争越来越激烈，企业对人才的需求不再单一化，需要就业人员具有良好的职业素质，能够胜任自己的工作岗位，很多工作性质也不再似乎以前的可靠稳定，一辈子就干一个岗位。以前的就业观念已经不再适应现在社会的变化，现在的学生应该能够看到社会的变化，积极的面对社会的竞争，勇于挑战自己的能力，在工作中实现自己的价值。

（四）地区之间对人才的需求不平衡

当前，我国南北之间、东西之间、沿海与内地之间经济文化发展很不平衡，人才资源的布局也很不一致。东部沿海经济发达地区，依靠人才兴省等战略方针，经济文化发展起步早、起步快。同时，这些地区由于观念比较先进，对人才比较重视，对人才的渴求仍然很强烈，对高校毕业生的需求量还是比较大。而在相对落后的西部地区，由于经济文化发展总体水平的局限以及观念的滞后，人才的价值往往得不到充分体现，对人才的需求反而较少。这就造成了大学毕业生就业集中于经济发达地区，而急需人才的中西部地区不但被大学生冷落，原有的人才也严重流失。这种人才分布的失衡，是由经济发展不平衡引起的，也必将进一步拉大东西部的差距，只有国家经济发展重心的转移，才能鼓励、吸引更多的高校毕业生到西部地区去建功立业，从而改变这种地区发展不平衡的状况。

（五）原有吸纳毕业生的空间受到抑制和挤压

政府机关和国有企事业单位长期以来是接收大学毕业生的主要渠道。但是随着改革的不断深入，传统的主要渠道吸纳毕业生的能力下降。

首先，随着政府机构大幅度精简和传统主渠道的吸纳能力逐渐下降，不可能大量吸收大学毕业生尤其是专科以下毕业生。其次，国有企业、事业单位由于经费紧张，冗员过多，也在减员增效。此外，随着我国经济的快速发展，企业对人才的要求越来越高是大势所趋，但某些用人单位故意抬高门槛，造成了人才高消费现象，使用人单位的需求和毕业生实际情况之间的矛盾日益突现。

三、影响大学生就业的因素

（一）教育因素

1. 高校专业设置与市场需求变化错位

制约毕业生就业的重要因素之一就是高校专业设置与市场需求变化错位。长期以来，高校的运营机制一直是一种计划招生、统一分配的计划体制。很多高校的专业设置和调整不是面向市场需求，而是单纯立足于自身师资条件，招生和专业设置与市场需求脱节，结果是结构性矛盾更加突出，导致毕业生专业知识结构与社会需求不相适应的矛盾。这一矛盾在毕业生分配市场导向的今天明显显露出不适应社会发展的弱点。

2. 高校的人才培养方式与社会经济发展相脱节

随着高校的逐年扩招，大多数高校的大学生人数成倍增长，教师紧缺，教学任务繁重，因而高校没有更多的精力去推动教育教学改革。多数高校仍然是沿袭计划经济时期的教育教学模式，从教学内容上来说，重理论教学轻实验实习，重学科知识传授轻应用能力培养；从教学活动组织方式来说，仍然实行传统的课堂教学组织形式，大学生学习期间更多的是在课堂上接受理论知识，很少有机会走出校门，走向社会，高校与用人单位缺乏必要的联系。

3. 大学生就业指导与服务工作较薄弱

当前，大学生就业的指导与服务整体情况反映出高校的投入明显不足，整个工作还很薄弱。大多数高校缺乏专业化的就业工作队伍，指导工作的形式和内容也比较单一，高校大学生就业的服务网络尚未形成，大学生就业必需的市场信息体系和服务体系以及与大学生就业密切相关的保障体系尚未建立。

（二）社会因素

1. 就业制度发生巨大变化

当前，我国由计划经济转向市场经济，我国的高等教育由精英教育转向大众化教育，这些转变都要求人才配置方式也应由计划经济时代的分配制度向市场经济时代供需见面、双向选择制度变化。加上许多历史遗留下来的问题，如户籍制度、档案制度等，也加剧了毕业生就业难的局面。

2. 社会对高校毕业生的需求发生结构性变化

我国加入世界贸易组织（WTO）后，国家经济结构进行战略性调整，产业结构进行重组，传统产业比重逐年下降，高科技产业得到快速发展，而高等教育从学科和专业结构以及人才培养方式等方面难以跟上这种变化，致使培养的毕业生和社会所需求的人才素质结构之间出现了结构性不适应。

3. 我国经济结构的特点加剧了高校毕业生就业难的现状

经济发展的不平衡性引起社会对毕业生需求的数量和层次存在着地区和产业等方面的差异。东部沿海地区、经济发达地区以及一些中心城市对毕业生需求旺盛。虽然中西部地区的需求有所增加，但一些边远省区及经济欠发达地区的需求仍然不足。

第二，农业、工业和第三产业的发展不平衡是一个普遍存在的问题。在许多国家和地区，农业的发展历史比较悠久，但在现代经济中，农业的贡献逐渐下降，而工业和服务业逐渐成为主导产业。虽然随着经济发展质量的提高，我国第三从产业发展迅速，为我国解决就业做出了重大贡献，但是仍未达到发达国家到的水平，就业拉动能力有限。

4. 用人市场机制不够健全，高校毕业生就业的渠道不畅，形式单一

我国人事制度改革相对滞后，影响毕业生就业市场中供需主体的体制性、机制性障碍仍然存在。很多地方对于录用高校毕业生有户口、指标的限制，企事业单位的用人自主权没有到位。另外，我国高校毕业生供需见面会还很不完善，就业市场不够成熟，处于"粗放"的运作和初级的中介形式，缺少统一平台的信息发布渠道，信息化管理手段得不到充分运用。

（三）大学生自身因素

1. 自身素质与社会期望有差距

目前高校毕业生的自身素质与社会期望仍有差距，主要表现在以下方面：一方面，用人单位对毕业生学历层次的要求越来越高，对人才需求的重心上移。一些高校、科研单位、大机关、大企业基本上以接收研究生为主，甚至连一些中小型单位都希望要研究生或名牌大学本科生，而地方院校的专科生受到了社会的冷落。另一方面，用人单位在招聘人才时，对毕业生的能力结构和综合素质要求越来越高，但我国高等教育长期以来一直采用以知识传授为主的教育方式，忽视了人的全面发展和个性发展，培养出的学生专业知识面不够宽广，功能单一，社会适应性不强，大学生的综合素质与能力结构等与社会期望存在着一定的差距。

2. 就业定位不够准确

有的高校毕业生在择业时，过分关注自己的兴趣爱好，过分看重地域、行业和报酬，忽视了社会需求和人才市场的实际状况，自我择业定位不准确，结果导致很多毕业生找不到工作，而很多工作岗位又没人愿意去的不正常现象。

3. 就业期望与社会需求之间差异较大

当前，许多高校毕业生的就业期望值居高不下，与社会发展对人才需求的实际状况存在较大的差异。大多数毕业生期望能到大城市、大公司、国家机关等就业，期望能去的单位名声好、条件好、待遇好，甚至离家比较近等，而目前需要人才的是那些边远地区、中小城市、乡镇企业和民营企业等，但是大学毕业生没有多少人愿意到这些地方去。

4. 就业准备不够充分

不少高校毕业生离开学校去求职时，才发现自己尚未做好就业准备。他们为了求职，有的用求职信遍地撒网；有的在选择什么样职业的问题上拿不定主意，反复签约；有的择业目标不明确等。这部分大学毕业生对社会职业状况、人才市场动态、个人择业目标以及自己适合干什么、能干什么等普遍缺乏正确的认识和了解，从求学到工作的角色转变、自身心理素质以及对社会的了解等都表现出明显的不足，求职时处于焦虑、失落、困惑之中，在择业过程中表现出无序性、盲目性和从众性。

四、大学生就业的管理

（一）就业信息的系统管理

在信息爆炸时代，对于面临求职择业的大学毕业生来说，在清晰地认识自身条件的同时，获取的就业信息越多、把握就业信息的速度越快，拥有的就业资源就越多，竞争力也就越强。高校就业部门要利用各种渠道广泛、全面、准确地搜集与大学毕业生择业有关的各种信息，不断完善和创新就业信息的系统管理工作，保证为毕业生提供真实、准确、及时、有效的就业信息，确保大学毕业生就业工作的顺利进行。

就业信息是指与就业有关的，求职者预先不知道，通过加工整理及各种媒介传递，能被求职者所接受并对其求职有价值的消息、资料或情况。从就业信息包含的内容来看，可以将就业信息分为就业政策信息、就业形势信息、人才需求信息、用人单位信息、毕业生求职信息、毕业生就业状况信息和就业指导信息等。就业信息具有时效性、潜在性、共享性、传递性、变化性和价值相对性等典型特征。而就业信息的系统管理是指就业信息的收集、加工、输入和输出，包括就业信息的收集与认证、处理与传输、分析与应用、储存和管理等四方面内容。

1. 就业信息的收集与认证

就业信息收集是指需求者通过各种方式获取所需就业信息的过程。就业信息的收集是信息得以利用的第一步，也是关键的一步。收集工作的好坏，直接关系到就业信息需求者接下来的加工、分析、应用等工作能否取得理想的效果。在就业信息的系统管理中，可以通过"高校与整体就业市场对接、学院与行业市场对接、导师与专业市场对接"的方式收集就业信息，即高校通过广泛发函、电话邀请等方式积极与全国的用人单位联系，将对学校有需求的就业信息收集起来。同时，利用报纸、网络等媒体渠道收集最新的就业政策信息和就业形势信息。学院一般与其相关行业的企业都有较为密切的联系，各学院可以通过与行业性较强的商会、协会等组织进行行业对接，获取最新的行业用人信息和行业发展趋势信息。

就业信息是毕业生进行职业选择和高校进行就业工作决策的前提，如果获取的是虚假、不准确、非时效的就业信息，将不仅不利于学生求职就业，也不利于高校对就业形势作出准确的分析和预测。因此，各高校可以建立就业信息的注册制度、企业资格审查制度、信息查询管理制度等相关制度和规范，确保信息的真实性、准确性和时效性。高校在对用人单位的信息进行认证的同时，还对高校毕业生的求职信息进行认证，通过"双认证"从根本上消除就业市场中供需双方的彼此猜疑，杜绝虚假信息的进入，保障良好的市场秩序，保护供需双方在就业过程当中的根本利益。

2. 就业信息的处理和传输

就业信息的处理和传输是保障就业信息精准、及时、快捷地送到信息需求者手中的关键环节。一方面，高校即使获得了真实的、准确的、及时的就业信息，还可能出现用人单位和毕业生、用人单位和高校、高校和毕业生之间信息不对称的现象。例如，一所中学的需求是招聘一名信息技术教师，但这所中学并不知道除了教育技术之外的其他专业毕业生能否胜任，这就是用人单位需求信息与毕业生信息不对称。这就要求高校就业部门在获得就业信息的基础上根据高校的具体情况将就业信息进行分类和整理，最后得出针对性强、可靠性高、成功率大的就业信息，并准确及时地告知毕业生。另外，高校还可以及时与用人单位联系，与之协商争取用人单位同毕业生双方接洽的机会，确定时间、地点等，为毕业生争取到第一时间面试的机会，保障毕业生与用人单位顺利对接。另一方面，就业信息的传输是指就业信息在时间和空间上的转移，因为信息只有及时准确地送到需求者的手中才能发挥作用。早在 2004 年，国务院办公厅发出文件，要求加快高校毕业生就业信息化进程。加快毕业生就业服务网信息资源建设，尽快实现网上招聘和远程面试。因此，高校需要进一步完善和利用现有的就业服务信息网，建设网上无形就业市场，为毕业生和用人单位提供公共就业信息服务，通过快捷方便的双向服务就业信息网络，实现招聘信息发布、网上求职招聘、网上签约、咨询指导、毕业生求职信息查询等功能，提供全面的网上人才招聘、求职方案，提高学生就业、学生签约、用人单位招聘、学校管理等工作的服务质量和服务效率，促进毕业生的顺利就业。

3. 就业信息的分析与应用

就业信息的分析与应用是指在获得准确、全面和及时就业信息的基础上，结合高校实际情况，依据国家相关政策、法律法规对就业信息去伪存真、去粗取精，有针对性地进行排列、整理和分析，并通过科学的分析方法揭示就业信息内在的规律及就业形势，为学校的教学、毕业生就业指导、毕业生的求职择业等提供科学参考依据的过程。首先，进行信息筛选。采取相应的技术手段从这些庞大的数据资源中为毕业生筛选有用的就业信息和毕业生个人信息，并以此为依据制定相应的就业指导政策，合理配置信息资源。其次，进行信息加工。采用高效的数据处理技术，用活网络数据资源，从新角度、深层次对信息数据进行加工处理，进行信息创造，从而产生新的行之有效的就业信息，通过高效的网络信息渠道及时传递给毕业生，促进其就业。再次，进行数据分析处理。通过对数据的分析处理，促使就业部门对就业工作进行横向和纵向的比较，以及市场对人才的需求进行科学合理的预测，根据社会需求提出学校调整人才培养计划和要求的合理化建议。最后，通过历年对数据的积累、整理和分析，建立毕业生就业市场预警机制，从毕业生就业状况和市场需求两个方面利用同期比较的方式随时对就业市场进行监测和预警。

4. 就业信息的存储和管理

从就业信息的潜在性特征来看，可以把今年或以往发生的就业信息作为明年或今后进行市场分析、预测、职业选择的参考。因此，在就业信息的系统管理中，可以将历年的就业信息归档存储，为将来的就业趋势规划和就业研究提供数据支持和实践依据。在新的历史时期，就业信息的系统管理不能局限于对就业信息本身的管理，而要立足于就业工作全局，从提供高效、便捷、快速的公共就业信息服务出发，利用现代先进的信息技术和网络平台，做到就业信息与就业市场相整合、与就业指导相整合、与综合管理相整合，推进就业工作的现代化和信息化进程。

（二）招聘活动的组织管理

招聘活动是招聘行为实现的过程，也是供给方、需求方、中介方共同参与，实现各自目标的过程。招聘活动是一个过程，必须有供需双方的双向需求，并且要通过一定的组织方式和渠道完成，用人单位需有个性化选拔考核标准和科学化的绩效评估。高校毕业生招聘活动对大学生成功就业意义重大。从宏观上看，通过毕业生就业状况和工作情况的及时反馈，以利于高校调整人才培养模式。通过对未来人才需求的预测，指导高校的招生工作。从微观上看，通过招聘活动的有效组织，使得毕业生就业效率提高、成本降低、配置优化。有利于用人单位选才，为毕业生赢得更多的时间，使就业市场有序运营。目前，对于高校毕业生来讲，招聘活动组织形式以现场招聘为主，网络招聘为辅，招聘主要渠道是校园招聘。为此，本书重点介绍校园招聘活动的组织管理。

1. 招聘活动组织管理的基本原则

主要有三项原则。公平性原则。招聘活动要向所有的学生提供同样的机遇，同时要公平地对待各类用人单位，此外还要使信息完备对称。在校园招聘活动中，要对就业信息进行广泛宣传，并根据用人单位要求针对性地组织毕业生参加。公益性原则。校园招聘会以学生和用人单位为主要服务对象，在招聘活动组织过程中，应本着"公益性"原则，争取免费、周到地为供需双方服务，充分保障就业市场的有序运行。诚信原则。组织招聘活动，需对用人单位资质和学生推荐材料进行严格审查，签订就业协议时，供需双方都应诚实守信，严肃认真地签约、履约。需要更改或撤销协议时均需在征求对方同意后，按相关规定办理违约手续。

2. 招聘活动组织管理的基本过程

根据招聘活动组织规模及形式，可将招聘活动划分为集中式大中型招聘会、日常化小型招聘会和网络招聘，其组织管理过程各有特色。

集中式大中型招聘会是指全市（区域）性的、较大规模的供需洽谈会。这类招聘活动一般在知名度较高、交通便利、服务设施齐全的场所举行。作为招聘活动组织管理者，应着力做好以下工作。一是场所确定后，应按照《大型群众性活动安全管理条例》办理必要的报批手续。二是举办前应重点研究战略，开发就业市场。可通过走访用人单位、产学联动、电话邀请、函件邀请、建立就业基地等形式采集用人单位信息，开发市场。三是举办中应强化服务，确保安全。要积极周到并有针对性地为用人单位提供相关服务，要制订"安全保卫工作方案"，预防突发事件出现。四是举办后应及时统计分析，科学评估招聘活动，实时跟踪用人单位，有效把握人才招聘政策变化、需求情况等。组织过程中要特别关注三方面细节。一是维持现场秩序，确保安全。二是发动学生，强化服务。如某些高校在毕业生中选拔"就业形象大使"，全程参与招聘活动的组织和服务，这样做，既展示了毕业生形象，又实现了精细化的服务。三是审核用人单位资质，对学生信息进行诚信认证。

日常化小型招聘会是指规模较小，趋于日常化的招聘活动。它的特点是：形式灵活多变，人力、物力及资金投入较小，针对性较强。作为招聘活动的组织管理者，应重点做好以下工作。一是做好宣传推广工作，利用新闻媒介宣传、印发宣传品、电话联系、寄发邀请函等形式组织用人单位参会。二是以海报、网络、短信等形式广泛通知毕业生参会，并系统全面地传递招聘会相关信息。三是招聘活动组织过程中要确保安全，加强就业服务的针对性。四是加强对用人单位、毕业生的诚信认证，积极防范"就业陷阱"。

网络招聘是指基于互联网技术而进行的招聘活动，包括招聘信息发布、电子简历传递、在线测评、视频面试等。对用人单位来讲，网络招聘具有成本低、速度快、针对性强等优点。对应聘者来讲，足不出户就可以参与招聘活动，省时、省力、省钱。目前网络招聘无论是技术上还是观念上都尚未成熟，但将来有可能成为招聘活动的主要渠道之一。作为网络招聘的组织管理者，应认真做好以下工作。一是加强技术研发和投入，保证网络畅通。二是创新网络服务手段，建立公共服务立体化平台。三是提高信息真实度鉴别能力，保证网络招聘的有效进行。

作为辅导员，在招聘活动组织管理过程中，应重点做好以下工作。一是深入了解毕业生就业期望及相关诉求，并将相关信息分类。二是及时全面了解招聘活动的相关信息，并有效地通知学生。三是有针对性地做好毕业生推荐工作。四是有序、高效、安全地组织毕业生参加各类招聘活动，确保招聘活动顺利进行。五是密切关注毕业生就业心理，防范因就业压力而出现的心理问题。

3. 招聘活动组织管理的绩效评估

招聘绩效评估是招聘活动中必不可少的一个环节，是检查是否达到预期招聘目的的活动。评估招聘活动前，需要排除像一些只"招"不"聘"、名为招聘实为招生、名为招才实为招财、名为提供实习岗位实为招廉价劳动力的"招聘陷阱"。招聘活动的绩效评估可分为三方面：一是招聘满意度评估。通过毕业生就业满意度和用人单位招聘满意度调查，了解招聘活动的现实效果。同时，调查学生、用人单位对高校毕业生招聘活动组织的意见和建议，及时调整和完善校园招聘会的组织管理方式。二是长期跟踪评估。通过对毕业生进入单位后的工作绩效考核结果分析、离职率、人事变动情况、用人部门对员工的满意度、员工对单位满意度等进行调查，为大学生培养和就业市场组织提供科学参考。三是招聘成本评估。组织招聘活动特别是大型招聘活动后，应及时进行成本评估，对参会单位、参会毕业生、签约情况、经费开支等进行统计分析，计算投入产出比。同时，通过历年数据分析研究就业市场态势，通过有效整合，使招聘活动组织与市场更好地对接，实现多方共赢的良好局面。

（三）就业过程的规范管理

高校毕业生就业具有一定的特殊性。主要表现在，大学生的初次就业过程发生在毕业前和校园里，因此，高校是人力资本供求关系中的第三方。进而，高校在毕业生就业过程中负有重要的管理责任。高校在毕业生就业过程中主要有六方面责任。一是根据国家的就业方针、政策和规定以及学校主管部门的工作意见，制定本学校的工作细则。二是负责本校毕业生的资格审查工作，及时向主管部门和地方调配部门报送毕业生资源情况。三是收集需求信息，开展毕业生就业供需见面和双向选择活动，负责毕业生的推荐工作。四是按照主管部门的要求提出毕业生就业建议计划。五是开展毕业教育和就业指导工作；六是负责办理毕业生的离校手续。

随着各项社会经济改革的不断深入，就业形势和就业政策、高校就业工作的职能都发生了深刻变化。高校在就业过程中的管理职能不应当弱化，还应当加强规范性、效率性、创新性、专业性，以更好地承担起桥梁和维护市场秩序的作用。

1. 制定毕业生就业工作细则

毕业生就业是一项政策性和程序性较强的工作。因此，各高校要根据政策和市场环境的变化制定本校的就业工作实施细则，并及时向毕业生发布。这些细则是就业过程规范性管理的纲领性文件，是学校领导与员工在就业工作中应当遵循的最基本管理原则。细则应当包括：学校和各学院就业工作的领导机构及其职能职责，就业过程中的各项规则规程，各项国家和学校的就业政策，学校与毕业生和用人单位三方各自的权利义务等。

2. 认证和发布就业相关信息

信息的认证和发布工作是高校就业机构管理工作的重要内容。应聘和招聘的进行均依赖于信息的获取，双方的双向选择乃至顺利签约均建立在真实客观的信息基础之上。通过规范管理解决信息不对称问题，是市场条件下对高校就业管理工作提出的新任务。包括以下几方面。

毕业生资格审查。是毕业生身份的确定过程，是学生有资格进入就业市场、享受社会和学校提供的各项就业服务的条件。该项工作一般由各省

（市、自治区）教育主管部门职能机构统筹，由各高校就业机构具体部署并提供基础数据，经过毕业生所在院（系）负责基础数据的一级审查，经学生本人校对签字后送交学校进行二级审查，然后报省主管部门终审备案。毕业生资格审查数据一旦形成，未来的派遣等一系列就业管理工作将严格依据此数据进行。

毕业生鉴定。各高校毕业生鉴定工作是用人单位选择毕业生的重要参考依据，所以，各高校要科学合理地制定评价体系，使每一个学生都能得到符合客观事实的恰当评价。毕业鉴定主要包括毕业生在校期间的德、智、体等各方面的基本情况，该情况是毕业生自荐材料中的重要内容，是用人单位关注的重点信息。

自荐材料的认证与审核。自荐材料是反映学生个人总体情况和综合素质的主要材料，对用人单位的决策有很大的参考作用。因此，各高校作为对毕业生的唯一知情机构，对自荐材料负有审核的义务与责任。一般来讲，学生的学生成绩、社会工作经历和奖惩情况由学生自行填写，由院（系）和学校进行逐级审查。

用人单位的资料认证。当前，一方面毕业生就业面临一定的困难，另一方面众多中小企事业单位也面临人才难求的局面。因此，市场出现了用人单位夸大自己的实力、允诺不能兑现的条件等现象。因此，高校作为中介桥梁机构，对在高校范围内发布的用人单位信息有责任进行认证，核实其生产经营情况、发展前景、工作条件、福利待遇以及对毕业生的安排使用意图等。

用人信息的发布。用人信息的公开发布对毕业生公平就业极为重要，因此各高校要对用人信息统一管理，及时准确地发布给全体毕业生。

3. 管理就业协议书

就业协议管理包括就业协议的发放、签订和违约三个方面。目前，就业协议的规范管理已成为市场中的一个突出问题，如果一个毕业生持有多份就业协议，同时与多家用人单位签约，会对就业市场的运行和用人单位的权益造成很大的损害。因此，就业协议的发放，要真正落实高校就业机构的管理责任，建立如"一人一号"等可靠的管理制度，确保入手一份就业协议。此外，还应当建立协议丢失补办的管理制度，防止协议书管理工作出现漏洞。就业协议的签订，规范管理工作也很重要。经供需见面和双向选择后，毕业生必须与用人单位签订就业协议书。学校应及时进行签证登记，以掌握毕业生就业状况，同时作为制订就业计划和派遣的依据。就业协议书一旦签订，不能随意变更。如果一方提出违约，要严格按照规定的条件和程序，办理有关解除协议的手续。

4．组织毕业生离校工作的管理

毕业生毕业离校时，学校要及时为其办理各项离校手续，确保学生在规定时间内到签约单位报到上班。离校手续包括报到证、毕业证和学位证、户口关系和档案关系。其中，按照规定，档案材料应在毕业生派遣两周内寄送毕业生报到单位。

近年来，随着形势的变化，国家出台了一系列促进毕业生就业的政策。包括"就业促进法""三支一扶""大学生村官""入伍""选调生"、鼓励毕业生下基层、高校为毕业生档案免费保留两年等政策。这些政策拓宽和深化了大学生就业的渠道，对大学毕业生就业是难得的机遇。要使这些国家政策发挥作用，必须与时俱进跟进政策导向，及时调整大学生就业管理工作职能，实效性地落实好相关政策。

当前，高校就业形势不容乐观，毕业生在就业过程中普遍存在心情焦躁、情绪不稳等情况。应当说，毕业生在择业期间接触最多的就是院（系）和学校两级就业工作机构。当毕业生在校内、外的就业市场中遭遇了困难和挫折，甚至犯一些错误的时候，各级就业机构既要严格和规范管理工作，又要以人为本，换位思考，体现学校对他们的关怀，积极帮助他们改正错误、摆正心态、提高自信。

第五章 大学生资助与奖励管理

高校制度这一概念不是凭空产生的，它有着自己独特的理论发展渊源。高校作为一个社会组织，组织文化是校园文化的理论来源；组织制度又来源于人们对"制度"的理解。因此，厘清相关概念是我们研究高校制度育人的一个前提。

第一节 高校资助管理

一、资助育人

2016年12月7日至8日，全国高校思想政治工作会议召开，习近平总书记强调，要坚持把立德树人作为中心环节，把思想政治工作贯穿教育教学全过程，实现全程育人、全方位育人，努力开创我国高等教育事业发展新局面。[1]全程育人、全方位育人，就是要充分全面践行"以学生为中心"的育人理念和工作主线，打造有智慧、有温度、有内涵的育人体系，构建全员、全过程、全方位育人格局，切实为学生成长、成才提供坚强保障和后盾。

资助育人是高校思想政治工作的重要组成部分。党的十九大报告强调要"健全学生资助制度"。如何立足时代要求、革新教育理念、完善资助制度，构建切实可行的资助育人体系，帮助经济困难的学生顺利完成学业，是当前亟待思考和解决的现实问题。

资助育人工作是一项民生工程和系统工程，是促进教育公平、提高民生水平的重要体现。建设发展型资助育人体系，要运用全面、辩证的思维去看待当前资助工作的对象、方式、资源、功效等各方面现状，既要聚焦矛盾、认清现实，又要透过现象看本质，不能孤立、片面地就资助看资助，

---

[1] 王鹏. 为党育人 为国育才——以习近平同志为核心的党中央关心学校思想政治工作纪实[N/OL]. (2021-12-01) [2023-12-25]. http://politics.people.com.cn/GB/n1/2021/1201/c1001-32297051.html.

要理性分析存在的问题。

二、高校资助制度育人的必要性

高校资助制度育人的必要性是更好地实现资助制度育人价值的条件和影响因素。其主要体现于现实因素和历史因素。现实因素主要是指高校家庭经济困难学生资助要求呈现多元化，这样一个现实情况。历史因素主要是指高校资助制度是我国资助制度变迁历史使然的趋向。从以上两点进行必要性分析，为进一步研究资助制度育人问题增强可行性。

（一）高校家庭经济困难学生资助要求多元化

高校家庭经济困难学生资助要求呈现多元化，主要是基于经济资助日益丰富，资助育人理念凸显这样一个语境。其多元化主要表现于：受助学生思想要求多元化，整体上思想状况是良好的，有部分学生存在偏差；受助学生对心理品质要求多元化，有的家庭经济困难学生缺乏正确的自我认知，性格敏感多疑等，急需要学校运用一些积极因素来调节其心理问题；受助学生学习、能力等要求不断加强。由于经济压力的束缚，一些受助学生在学习和能力等方面会相对有些滞后，这些情况对高校资助工作提出培育学生能力素质要求。

高校家庭经济困难学生资助要求的多元化，更加奠定了高校资助制度育人在国家扶贫工作的重要性。"扶贫先扶智"，高校的学生资助首要目的是通过资助克服学生"等、靠、要"腐朽思想，帮助学生形成健康品行，提升发展的能力、创业的本领、创业的能力，绝不是简单的扶贫。国家扶贫工程的主体是贫困户，首要解决的是他们的经济问题，针对困难程度，提供物质帮扶、能力帮扶、产业帮扶等，争取贫困户脱贫。高校资助是要精准化的锁定受助对象，以学生需求为导向，精准化的分析学生的实际需要，提供适应的资助项目，首先要保证能够缓解学生经济压力，其次要从不同方面帮助学生获取发展的能力。资助体现了"以学生为本"思想。家庭经济困难学生具有压力大、知识欲望强、志向高远等特征，这样的群体特点决定了这些学生不会只停留在简单的物质需求满足上，而是期望得到长远发展需求的满足。故资助育人工作要充分体现"以学生为本"思想。一是资助以解决学生经济困难为基础，帮助他们顺利就学；二是资助强调对家庭经济困难学生培育，帮助他们解决因为经济原因引起的思想和心理方面到的问题，促进他们健康成长。

（二）高校资助适应资助工作体系的发展要求

高校资助的制度育人，是在原有资助制度基础上的进一步升级，在资助理念下通过制度育人，适应学生资助工作体系发展要求。大学生资助制度历经几个历史发展阶段，每一阶段的资助制度都是与当时的社会实际情况相符合的，是随着国家、社会的发展变化而不断调整。从资助资金来源上来看，学生资助制度可分为两个时间段：抗日战争时期至 20 世纪 90 年代，国家出资；20 世纪 90 年代至今，资助主体多元化，政府主导，学校和社会等共同出资。国家出资阶段主要经历了四个阶段：抗日战争和解放战争时期，学生资助方式是供给制或公费制，1949 年至 1982 年，逐步建立了人民助学金制度，相比前一阶段，有名额限制，有区分，有等级，有了一定的评定标准，精准的理念开始萌芽。其共同点在于两者的补助金都主要适用于生活费和伙食费，是纯粹的保障型资助阶段；1982 年至 1986 年，人民助学金和人民奖学金制度阶段，开始鼓励先进，重视学生的学习状况，在资助方式上开始创新，对学生的资助有了一定的识别。但资助总额没有变化，仍然是保障型资助。1987 年至 1989 年，将贷学金并存阶段，以奖为主，贷学金用于确实困难的学生，保障型资助向教育型资助开始转变。国家、学校、社会等共同出资阶段经历了三个阶段：1989 年至 1999 年，奖、贷、勤、补、免学生资助制度，资助方式明显的多元化；1999 年至 2007 年，奖、贷、勤、补、减资助制度，其中强调以"贷"为主体，贷款制度蕴含着丰富的育人思维，增强学生的责任感和诚信意识。2007 年至今，形成了"奖、助、贷、勤、免、补"等多种措施并存的混合资助制度，于此，政府为主导，学校、社会及个人支持为辅的新资助体系形成并稳步发展。资助方式的增多，一方面说明了资助压力的增大，资助力度的相应提高，同时也说明了资助制度愈来愈重视学生个体的需求，精准地识别学生需求，为其发展铺路。

资助制度是大学生资助历史发展使然。现阶段，大学生资助工作中的难题明显存在。一是资金资源的有限，限制"资助全覆盖"实现。二是家庭经济困难学生认定工作的滞后，严重影响了资助的公平性。粗放的资助模式，已不适应大学生追求"质"的发展需求，所带来的"不公、腐败"等弊端显现并产生恶劣影响。三是现行资助制度存在的缺陷，资助项目设置不具体，不细化，制度内容规范过于空泛笼统，导致政策实施者操作主观因素掺入过多。针对存在的问题，精准化制度探究是必然的选择。精准化资助促进资助资金使用的精准化，促进认定对象的精准化，解决粗放式资助所带来的弊端，精细制度本身，为实施者和受助者提供更精准的资助信息。概言之，高校资助制度是大学生资助工作模式的新出路，是应对种种挑战的有效措施，是大学生资助工作从"量"到"质"式转变的需要。

学生资助制度愈来愈完善。从"量"式资助向"质"式发展，树立资助理念，以制度为载体，帮助学生，服务学生，激励和引导学生富有个性化的发展，是学生资助制度价值追求的重要手段。

探讨高校资助制度育人相关理论概述，目的在于明确本书研究的指导思想。相关概念分析最终落脚点于高校资助制度育人内涵，得知其是在资助理念下，以制度为载体，主要培育家庭经济困难学生，致力将其培养成"德、智、体、美、劳"等方面全面发展的人。关于相关支撑理论分析，主要是探讨教育公平理论等理论与高校资助制度育人之间的联系，为研究此课题坚定育人理论基础。研究此课题之必要性从现实和历史的角度，确定资助制度有其发展的价值。概言之，明确了高校资助制度育人的理论基础，多角度的回答什么是高校资助制度育人，以为文章之后内容研究奠定第一步。

三、高校资助育人的实施路径

（一）齐抓共管，全员育人

做好高校家庭经济困难学生资助工作并充分发掘资助工作的育人功能，首先应当调动高校资助工作者的积极性和主动性，让他们树立育人的责任意识，让与其相关的所有人员都要参与到大学生的培养和教育之中。中央文件中提出所有从事大学生思想政治教育的人员，都要坚持正确的政治方向，加强思想道德修养，增强社会责任感，成为大学生健康成长的指导者和引路人。广大教职员工都负有对大学生进行思想政治教育的重要责任。教师要提高师德和业务水平，以良好的思想政治教育素质和道德风范影响和教育学生。学校管理工作要体现育人导向。后勤服务人员要努力搞好后勤保障，为大学生办实事、办好事，使大学生在享受优质的学习和生活服务中受到感召和教育。

1. 发挥资助工作者"管理育人"作用

高校资助工作者主要常包括三部分，三部分相互联系，各司其职，保证了高校资助工作的有序开展。首先是组织领导者，主要就是大学生资助管理工作的领导机构和领导，比如党委学生工作部，他们主要负责制定资助工作的方针、决策等。其次是运行管理者，主要包括大学生组织管理的相关部门，比如学生资助管理中心及其工作人员，他们的主要职责是保障资助政策、方针的贯彻落实，确保资助工作的有序开展；高校的一线资助工作人员是最后的具体落实者，比如辅导员、各学院的资助专员等，主要职责就是上传下达，他们是高校资助工作有序开展的关键环节。他们与家庭经济困难学生的联系最为密切，也最了解学生学习、生活等各方面的情况。

因此，要从资助育人队伍的体制入手，充分调动各方力量，推动资助工作队伍的专业化建设，实现"管理育人"的作用。首先，从事高校资助管理工作的队伍要稳定、数量要充足，这样才有利于统一管理，形成育人合力。其次，提高资助工作者的综合素质。一方面，要定期对资助工作者进行业务培训，提升其自身能力。另一方面，要优化高校资助管理部门人员的专业结构，资助工作者不仅要业务精，熟悉我国高校资助政策体系的各项内容和本校资助工作的情况，还应该要懂财务管理、心理学、教育学、经济学等相关内容。最后，"高校资助工作者要具有较强的人格魅力，以高尚的人格教育人、感染人。"①

2. 发挥后勤人员"服务育人"作用

高校后勤部门是高校工作中必不可少的一部分，高校的后勤工作是为全校师生服务的，从这个意义上来说，高校后勤工作也是为培养人而服务的。以往我们只重视后勤工作的服务责任，忽略了后勤工作中蕴藏的"服务育人"作用。后勤部门的"服务育人"主要是指将"育人"理念与后勤服务工作相结合，发掘这部分的育人功能。邓小平曾指出：后勤工作的任务，就是要为科研工作、教育工作服务，要为科研工作者和教育工作者服务，要为科研工作者和教育工作者创造条件，使他们能够专心致志地从事科研，教育工作。②

坚持党建引领，加强思想政治工作，强化宣传引导，通过深入学习习近平总书记关于教育的重要论述，让广大后勤员工自觉意识到自己是"三全育人"的重要参与者，全面提升后勤工作的格局和站位；将"为立德树

①金昕. 社会主义核心价值体系融入高校家庭经济困难学生资助工作探析[J]. 思想理论教育导刊，2011（3）：88-91.
②邓小平. 邓小平文选（第2卷）[M]. 北京：人民出版社，1994：49.

人服务"作为每一项后勤工作的价值追求，不断增强服务育人的使命感、责任感;让"不上讲台的教师"成为每一位后勤员工的自我身份认知，厚植育人情怀，培养后勤员工作为教育工作者的自信心、自豪感;使"时时、事事、处处育人"成为全体后勤员工的共同行为准则，发挥他们服务育人的主动性、积极性、创造性。

首先，后勤人员要树立育人意识。在开展后勤服务工作时，要以"育人"为出发点，不能只停留在完成工作层面上。其次，后勤人员要注意提高自身素质。因为"后勤工作人员服务态度的好坏，服务水平的高低，服务质量的优劣，都会对与之长期接触的学生的心灵和思想产生耳濡目染的影响。"①

（二）重点突破，全程育人

"三全育人"资助育人模式中的全程育人，需要从两个维度来分析，一方面是高校资助工作本身的运行过程，另一方面是大学生成长发展的过程。高校资助工作说到底是要做人的工作，资助工作的育人功能最终也是要体现在高校大学生的全面发展上，因此，高校资助工作要围绕人的发展特点，也就是大学生在整个大学期间不同发展阶段的特点来开展。

1. 入学前，积极宣传

宣传工作是党和政府与人民群众沟通的重要桥梁。有效开展国家资助政策宣传工作，使国家资助政策家喻户晓，深入人心，能使老百姓了解党和政府对家庭经济困难学生的关心关怀，是有效开展高校资助工作、发挥资助育人功能的坚实基础。因此，在高校新生入学前，各级教育行政部门和各高校就要搭建"上下联动、纵向协调、各具特色"的宣传服务平台，将国家资助政策深入人心。对于高校而言，需要通过多种形式宣传资助工作。在入学前，做好政策告知工作。通过邮寄《大学生资助政策简介》、开通资助工作热线、制作开通新生资助指南专题网站、利用微博、微信等新媒体，让学生和家长知道在遇到经济困难时如何寻求国家资助政策的帮助;在入学时，做好政策引导工作。在"绿色通道"办理地点发放资助工作手册、召开资助政策宣讲会等方式帮助学生及时了解资助政策。入学后，做好总结宣传工作。高校可以寻找、宣传家庭经济困难学生的典型事迹，为

---

①高斌，类延旭，方仲奇. 新时期高校服务育人路径的思考[J]. 学校党建与思想教育，2009（10）：16-18.

广大学生树立榜样。

2. 入学时，绿色通道

每年高考后，拿到大学录取通知书的学生和家庭都充满着喜悦，但是对于家庭经济困难学生及其家庭来说，喜中带忧，尤其是遭受天灾人祸、无力支付学费的家庭特别困难的学生，他们面对入学门槛，可能会由于不觉，徘徊在大学校门之外。在家庭经济困难学生入学关口，"绿色通道"制度解决了他们的后顾之忧，为他们打开了高校的大门，让他们能顺利走进学校。

（1）提供心理帮扶，引导学生顺利度过适应期。新生入学之后首先面临的就是适应大学生活的问题，相对于非家庭经济困难学生来说，家庭经济困难学生由于特殊的家庭环境和成长背景，他们面临着更大的经济压力和心理挑战。因此，高校在保证他们顺利入学的同时，也需要创造安心良好的学习环境，全面关爱家庭经济困难学生。学校应该在"绿色通道"工作处设立心理指导咨询台，由专门的心理辅导老师解答学生疑惑，开展心理咨询，减轻其心理压力，指导他们如何尽快适应大学生活。

（2）制定成长计划，促进学生健康成长。家庭经济困难学生由于学习资源缺乏、学习方式传统及学习氛围欠佳等方面原因，容易造成他们在入学后学习压力较大、学习方向不明、学习动力不足、学习成绩不佳等问题，因此，高校应该针对不同家庭经济困难学生的不同情况，制定个性的成长计划，提供差异化的帮助。针对一年级学生，主要给予经济资助，让他们能安心学习，尽快融入大学生活；二年级学生，在给予经济资助的同时，注重培养学生自立自强意识，鼓励学生进行勤工助学、积极参与学生社团，在实践中不断提高能力；三年级学生，在给予经济资助的同时，加强他们专业能力的培养，鼓励他们参与专业相关的课外学术活动，如"挑战杯"创业计划大赛和科研立项等活动；四年级学生，适当减少经济资助，更多的是应该给他们提供勤工助学和实习的机会，同时结合他们的就业需求，提供有针对性的就业指导，拓宽就业渠道，帮助他们顺利就业。

3. 在校时，精准资助

科学准确认定家庭经济困难学生，是公平公正、合理适度资助家庭经济困难学生，实现资助育人的重要前提和保障。在资助对象认定过程中，辅导员通过与家庭经济困难学生的沟通交流和周围同学的侧面了解，准确掌握他们的真实情况，根据他们的实际需求"按需资助"。在认定工作结束后，要避免出现"一定四年"的情况发生，要建立高校家庭经济困难学生信息管理系统，动态管理，根据实际情况的变化调整资助内容和形式，实现精准育人。

（1）科学认定、精准资助。高校家庭经济困难学生资助工作的核心是"资助育人"，基本逻辑起点是准确把握学生的成长需求，实现按需资助。通过资助对象的评定实现育人功能就是要将思想政治教育贯穿于家庭经济困难学生认定的全过程，充分发掘资助对象认定工作中的育人功能。当前，大学生在困难生认定的过程中普遍呈现心态复杂、心理多变等特点。因此，需要在认定过程中融入思想政治教育。一方面，能促进认定工作的准确性、科学性。另一方面，公平、公正、公开的认定工作也是思想政治教育的重要渠道，能确保资助项目发挥最大功效。具体来说就是在家庭经济困难学生信息采集时，通过真诚、尊重、平等的交流与关爱，了解他们的真实情况，把握他们的性格特点、心理特点、根本需求和成长规律，对他们的困难身份和困难程度精准认定。

（2）实地走访、动态管理。在资助对象评定过程中如果学生提供虚假信息，也会导致评定结果的不准确。那么，高校资助工作者就有必要验证学生提供的信息的真实性和有效性，而最有效的验证方式之一就是实地走访。通过实地走访不仅可以了解学生家庭的真实情况，发现问题，及时纠正。同时，可以通过对谎报信息学生的惩处教育，建立有效的诚信约束机制，培育学生的诚信意识，逐步形成人人诚信的校园文化。

要实现精准资助，就必须实施动态管理。现在很多高校在新生刚入学时进行了资助对象的评定，以后就一直根据大一评定时的结果来进行资助，这种方式在很大程度上存在问题。因为家庭经济困难学生的经济状况不是不变的，可能当年是因为家里有突发事件导致一下子经济陷入困境，往后可能又缓过来了，不需要继续资助了，但是，现有的静态管理模式无法针对此类现象进行调整，因此，在资助过程中我们要实行动态管理，真正做到按需资助。一是要建立家庭经济困难学生的信息平台，包括该生及其家庭所有的信息。二是要根据学生的实际情况对系统内的信息进行及时调整，形成科学化、精细化、动态化的管理平台。三是辅导员要第一时间掌握学生信息。一线辅导员是跟学生最近的人，他们能第一时间掌握学生信息，因此辅导员要通过多维度、多渠道的途径与方式全面、时时、客观、准确掌握学生信息。

4. 毕业时，就业援助

家庭经济困难学生在毕业时会面临一系列的问题，可能一部分学生由于找工作、考研等花费较大，在经济上存在一定的困难；可能一部分学生对于自己毕业后的去向还比较迷茫；可能一部分学生在找工作的过程中遇到一些困难，因此，在学生毕业时，高校也要针对每个学生的现实情况进行就业救援，让学生在毕业时还能感受到党和国家对他们的关怀，让他们把这种感恩之心，感激之情带到以后的工作中。

5. 毕业后，追踪动态

高校还应该建立"三全育人"资助育人的结果反馈机制，就是说在家庭经济学生毕业后高校应该对其进行跟踪回访。一方面，及时了解他们毕业后的动态，发掘逆境成才的典型，请他们回校给在校的学生做报告，讲述他们的奋斗历程。另一方面，收集他们对学校资助工作的意见和建议，以便不断完善资助育人模式。

（三）多管齐下，全方位育人

教育部副部长杜玉波在就学生资助工作答记者问中提到：要进一步拓展资助育人功能，努力融入立德树人，结合资助工作实际，重点抓好三个方面的教育，包括励志教育、诚信教育、社会责任感教育。这就回答了"育什么样的人"的问题，因此，我们在资助育人过程中需要通过评奖评优、助学贷款、勤工助学和有偿资助加强对学生的励志教育、诚信教育、自立自强教育和感恩教育。

1. 通过评奖评优以树立典型激励学生

在我国现行的奖学金制度中，国家奖学金是我国政府设立的荣誉最高、奖金额度最大的国家级奖学金项目，是党和政府为激励大学生在学习上勤奋刻苦、积极进取，在综合素质上全面发展，在生活上乐于助人、团结同学而设立的国家最高奖励。其目的是为广大学生树立奋斗目标、成才导向和成长榜样，促使广大学生刻苦学习、努力进取。因此，我们要充分挖掘国家奖学金的育人功能，通过宣传国家奖学金的意义，让学生树立奋斗目标，通过树立典型，以榜样的力量激励学生。

（1）宣传国家奖学金的意义，使学生树立奋斗目标。在国家奖学金前期宣传过程中，使广大学生充分认识到国家奖学金是国家颁授给在校优秀大学生的最高荣誉，激励广大学生奋发学习、全面发展、立志成才。

（2）推选出优秀的学习榜样，激励广大学生努力学习。在评定过程中我们要把学习成绩好、综合素质强、群众基础牢、被学生普遍认可的优秀大学生推荐出来。要以表彰国家奖学金获奖学生为契机，深入挖掘他们勤奋的学习态度、感人的学习经历和有效的学习方法，展示国家奖学金获得者自强不息、坚韧不拔、顽强拼搏、积极进取的优秀品质，成为广大学生学习的榜样，成为在校学生刻苦学习、勇于实践、努力提高自身综合素质的不懈动力。以勇于创新实践，形成"比、学、赶、帮、超"的良好氛围，努力成为社会主义合格建设者和可靠接班人，肩负起建设社会主义和复兴中华民族的历史重任。

2. 通过助学贷款以诚实守信教育学生

诚信是中华民族优良传统道德中最重要的内容之一，《公民道德建设实施纲要》中也将"明礼诚信"列为基本道德准则之一，十八大提出要积极培育和践行社会主义核心价值观，其中在个人层面就包括"诚信"。大学阶段正处于"三观"形成和发展的关键时期，因此，高校在开展助学贷款工作的同时，要向家庭经济困难学生宣传贷款意义，培养诚信理念，践行诚信诺言，在校园内形成诚信环境，减少国家助学贷款违约情况。

（1）围绕助学贷款，开展诚信教育。高校在办理助学贷款时要开展助学贷款政策宣讲会，一方面让学生熟悉贷款流程，更重要的是让学生理解国家助学政策对他们的关爱，懂得遵守信用，履行协议，顺利完成学业后按时缴息、及时还款既是享受助学贷款后应尽的义务，也是学生对国家助学政策的回报，身体力行地保证国家助学贷款政策长久有序地实行。让学生感受到自己不仅仅是受助者，也是资助政策顺利运行的支撑者，提高学生主体意识和履行诚信践诺的责任感。为了让学生认识现代征信体系，懂得诚信的社会意义，高校与中国银行、国家开发银行等金融机构紧密合作，通过专家讲授信用知识。此外，也有还可以通过开展一些关于成型的主题活动，组织人员到违约学生家中走访，了解毕业生违约原因，并将相关政策告知学生与家长，提醒学生诚信还款。在活动中把诚信观念付诸实践，引导学生讨论诚信、履行诚信，让学生在实践中体验诚信所带来的道德感，是高校诚信教育活动的重要内容。例如：教育部与中国青年报社连续组织开展"资助政策，助我成才"征文活动，鼓励贷款学生积极参加，挖掘其中的诚信榜样和模范典型。在日常宣传中，高校还积极开展诚信签名、诚信宣誓、签订还款承诺书仪式、诚信海报展示等活动，通过过程育人，让诚信观念深入人心。

（2）建立诚信档案，形成刚性约束。一方面，在高校建立大学生的诚信档案库，并将其放入学生个人档案中。把学生在校期间的各种现实表现都记录存档，比如奖惩情况、学费交纳情况、考试成绩、参与科研情况、社会实践活动活动等，构建学生在校期间综合表现的量化标准，将各项指标设置相应的权重，并将考评得分作为学生申请国家助学贷款、申请入党、评奖评优的重要依据，对大学生的诚信行为形成刚性约束。另一方面，将诚信档案随着个人就业流转到用人单位，让学生知道失信行为将会影响到以后的求职、交友、信贷、保险等各个方面，他们需要承担严重的后果。

3. 通过社会实践活动以自立自强锻炼学生

高校资助工作的经济资助能解决家庭经济困难学生的燃眉之急，即他们眼下的吃饭问题，但是要想实现资助工作的长远目标，让他们长远发展，就需要给他们提供更多的实践机会，锻炼他们自身能力，培养他们自强不息的坚强人格。当前，主要通过勤工助学和社团建设积极引导学生在实践中成长成才。

（1）以勤工助学为平台，绽放自强之花。高校勤工助学是指学生在高校的组织下，利用课余时间，通过自己的劳动去的合法报酬，用于改善学习和生活条件的社会实践活动活动。随着我国社会、经济和教育的发展，我国高校勤工助学制度也在不断完善、发展。

目前，勤工助学的育人功能越来越受到重视，在大学生培养能力、完善知识、磨炼意志等方面发挥了重要的作用，但是勤工助学作为资助育人的平台还存在着一些问题。首先，很多高校勤工助学资金投入不足，岗位远远不能满足家庭经济困难学生的需要。教育部和财政部 2018 年共同印发的《高等学校学生勤工助学管理办法》规定的勤工助学最低工资每小时 12 元，学生参加勤工助学的时间原则上每周不超过 8 小时，每月不超过 40 小时。其次，现阶段的勤工助学岗位大多是体力型、服务型为主，与大学生发展及专业特点密切相关的智力型岗位不多。

因此，需要改进勤工助学工作，完善自立自强教育平台。首先，积极争取勤工助学资金来源多样性。一方面希望国家在政策上对勤工助学加大支持，在财政上能够将投入由国家助学金向勤工助学倾斜。另一方面，吸引社会捐助，鼓励社会捐助优先投资、扶助勤工助学设施，提供勤工助学岗位，或直接发放勤工助学工资。其次，加强智力型岗位的开发。一方面，加大与学生的学业就业紧密相关企业的勤工助学岗位开发，将实习拓展为勤工助学，学校和企业共同承担学生劳动报酬，以增加学生实践的机会，实现学生和企业的"双赢"。另一方面，在积极扩展校外勤工助学岗位的同时，需要加强对其监督和管理。学生的安全和利益应该放在首要的位置，因此，学校要成立勤工助学学生权益保护部门，保护学生正当权益。最后，合理调整勤工助学内部管理制度。可以定期举办以勤工助学资源为基础，面向所有勤工助学同学的创业大赛，最好的创业点子由学校资助中心协助创业同学进行项目实施，让全体参与勤工助学同学都能认识到，自己就是勤工助学的主人。

（2）以社团建设为平台，培育自强文化。学生社团是高校校园文化建设的重要组成部分，学生社团通过开展各种活动能丰富和发展校园文化。学生通过参加社团，能锻炼自己各方面的能力，是学生在校期间必不可少的校园生活之一。组建以家庭经济困难学生为主要成员的社团鼓励家庭背景、成长经历相似的学生加入社团，给他们搭建沟通交流的平台，为他们提供了实现自我价值的路径。有助于改善他们的性格、提升他们的能力、满足他们成长的需要、调整心理失衡。

高校还要以让家庭经济困难学生获得充分锻炼为指导思想，开展多样实践活动。例如，高校创办"勤工助学服务中心""爱心使者团"等社团，这些社团的成员都是家庭经济困难学生，他们在社团中参与社团的日常工作，锻炼了他们的实践能力；通过举办一些座谈会，让他们尽快融入这个群体当中，为他们创造当中表达的机会，帮助他们克服自卑的心理，提高他们的语言表达能力和沟通交流能力；有的高校针对家庭经济困难学生设立教育实践项目，请家庭经济困难学生作为立项负责人，并给予经费支持，培养学生的研究能力。

4. 通过有偿资助以奉献精神鼓舞学生

给予家庭经济困难学生经济资助是党和国家应尽的职责，同时，资助对象也应学会承担社会责任，履行社会义务。因此高校在开展资助工作的同时要加强感恩教育，教育广大受助学生要有感激之情、感恩之心和社会责任感，不忘回报老师和学校的教育之恩，不忘回报政府和社会的帮助之情，不忘承担国家建设之责。

（1）资助方式从无偿到有偿。目前我国高校实行的"奖、贷、助、补、减"的高校资助体系，实际上是一种免费的助学模式，不需要受资助学生承担任何义务，即无偿性的资助。这种无偿的资助方式是最直接的、最有助于解决家庭经济困难学生在校期间经济方面的问题。近年来，随着资助标准的提高，资助金额的提高，资助项目的增多，长期的无偿资助容易让家庭经济困难学生产生"等、靠、要"的依赖心理，而对自己应该如何应对经济困难想得少，做的更少。因此，需要转变传统的无偿资助方式，逐步增加有偿资助。那么，如何实行有偿资助是我们在实践中需要解决的问题。

近年来，一些大学生资助管理中心逐步实行有偿资助，即资助对象在每一个资助周期（一学年）内需要参加一定时间的志愿服务、义务劳动等公益活动，只有在本学年内完成公益活动的任务才能继续参加下一年的资助对象评审，申请资助项目。这种方式能在一定程度上鼓励学生积极参加公益活动，提高了学生的服务意识和社会责任感，并会逐步内化，形成自己的行为方式。那么，要实行将公益服务时间纳入认定标准的做法需要做好以下几方面的工作。首先，明确标准。高校需要制定科学、详细的工作方案，哪些活动算作公益活动？公益服务时间的具体要求是什么？如何对学生参与公益活动进行考核？这些都需要有明确的标准；其次，考核评估。在方案制定完毕之后，受助学生则需要执行，那么，谁去监督？谁去考核？如果学生考核结果不达标，怎么办？这些问题都需要各高校结合自己的实际情况建立相应的监督管理机制，这样才能达到实行有偿资助的目的，才能促进学生积极参与公益活动。

（2）培养感恩意识，鼓励学生回馈社会。知恩图报是中华民族的传统美德之一，对于家庭经济困难学生来说，感恩是学会做人，成就阳光人生的重要起点。国家和社会投入了巨大的人力、物力和财力来资助家庭经济困难学生，让他们能安心学习。但是，有些受助学生将所获资助认为理所当然，感恩缺失，情感淡漠。因此，我们在资助工作过程中就需要将感恩教育融入其中，培养学生感恩意识，要使学生意识到接受大学教育及资助机会的来之不易，最终要实现学生从"受助"到"自助"最后到"助人"的转变。以知恩、识恩为基础，唤起学生的感恩认知。一方面，各高校可以根据实际情况，开展一系列的感恩教育活动，让感恩意识深入每个大学生的心中。学校可以开设一系列的感恩课程和讲座，让学生明确感恩的含义，理解感恩的意义，才能进一步去实施感恩行为。另一方面，高校要树立感恩典型,用身边的人、身边的事教育引导家庭经济困难学生懂的感恩。其次,以实践活动为平台,强化学生的感恩意识。一方面,学校可以组织学生在课余时间到敬老院、孤儿院为老人和孩子们做一些服务类的工作,让受助学生在实践中感受到爱心传递的力量,进而能真正领悟感恩的真谛。另一方面,为学生创造感恩的机会。有些学生可能不善于言语表达,可以引导学生通过一张贺卡、一封感谢信、一个电话、一条短信,或利用微信、QQ 等通讯方式来表达自己的感恩之情。

第二节 高校奖学金管理

一、设置奖学金的现实意义

(一)激励先进

激发学生的学习动力,引导学生的正确的学习方向是奖学金的重要作用之一。一般来说,奖学金的评选不看学生的家庭条件贫困与否,只看学生是否满足"学习成绩优异,社会实践活动、创新能力、综合素质等方面特别突出"等条件。这些条件明确指出只单纯地学好书本知识、取得优异的学业成绩是远远不够的,学生还要适应社会时代的发展,紧跟社会发展的需要,增强自身的实践能力和创新能力。奖学金评审过程中重视的是一个人的综合发展。激励大学生潜心学习、积极进取并在所学专业取得创新性成果是奖学金的价值导向所在。创新不仅仅是一个民族进步的灵魂,还是国家对当代大学生的内在要求,更是评价大学生综合素质指标之一。只有大学生拥有创新意识和创新能力,他们才可能成为国家、社会所期待的综合型创新人才。

(二)树立标杆

端正学习态度,认真努力学习是高校对当代大学生的基本要求。国家和高校面向优秀学生设立奖学金,目的不仅仅在于对优秀学生进行金钱奖励,更重要是通过获奖学生的事迹传播,在大学生中树立正确的价值导向,为大学生们树立学习的榜样和标杆,从物质和精神上对学生产生刺激,以此激励、感染并引领大学生向获奖学生看齐,激励未获奖者更加努力,不断按照获奖要求严格要求自己。

（三）引领学风

奖学金是一种荣誉，这种荣誉感不仅可以激励学生完成学业、取得成就，更可以帮大学生完善人格，从而深远地影响学生的道德发展。能够获得奖学金的大学生，一般都是品学兼优、综合素质较强的学生。将奖学金荣誉授予这些学生，可以起到激励学生的作用，同时，获得奖学金的学生们也通常会得到社会各界的广泛认可。这些学生身上的优良品质对其他学生而言起到了典型示范引导作用，激励更多的学生从自身做起，发奋学习、大胆实践、励志成才，丰富了学校的文化底蕴，对学校校风、学风建设起到了良好的促进作用。获得奖学金的学生会获得由学校统一印制并颁发的荣誉证书，学生获得奖学金的学年和等级会被记入学籍档案中。奖学金不仅仅为获奖者提供了奖金，其更重要的价值是通过精神上的激励，引导大学生潜心学业，使其自觉地将认真学习这一行为转化为内在行动。通过宣传获奖者的学习经历和获得的成绩，奖学金能起到在大学生中引领学风的作用，从而带动班级和学校的学术氛围变得浓厚。

三、奖学金的育人功能

（一）价值导向功能

百年大计，教育为本。教育的目的是为了立德树人，奖学金只是激励、资助大学生的一种手段和途径，育人才是本质和目的。大学生的个体培养应只有符合全面发展的目标，才能够受到表彰。在有关人的发展理论的论述中，马克思提到，人的发展是指使每个人得到自由而充分的发展，所以高校奖学金育人的目标是追求人的全面发展，提高综合素质。高校具体的人才培养目标和计划决定了在奖学金评审工作的严谨性，在奖学金评审的每一个环节高校都要严格把关，因此高校制定了一系列的方针政策，提出评选奖学金的明确规定和要求。在评选出奖学金之后，高校会对评审结果进行公示，选取合适时机召开表彰大会，对优秀的奖学金获得者进行广泛宣传。在评选奖学金的过程中，学生的思想政治情况、平时的学习成绩、是否积极参与各类活动、平时的能力表现以及自身科研水平等各方面需要得到综合考虑评判，大学生若想获得奖学金必须要以奖学金的评定标准为依据来进行自我完善。

（二）精神激励功能

精神激励，通常被认为是在精神层面为学生提供帮助。奖学金最重要的精神激励性功能在于，教育者针对大学生的需要，把奖学金和荣誉称号作为一种外部诱因，从而激发大学生的进取心，增强大学生对学习的热情，促使其全身心地投入于学习之中，让学生按照教育者的培养目标自觉行动，引导大学生们培养克服困难的勇气和艰苦奋斗的精神、树立坚强的意志品质和对未来美好的向往，不断进步，成长成才。重视奖优是高校设置奖学金的初衷，高校奖学金名目繁多，但名额少、荣誉好、奖金不等。大学生只有做到德智体美的全面发展，做到思想、学习、日常品行都很优秀，才能够脱颖而出，获得为数不多的奖学金名额。通过召开表彰大会和颁发荣誉证书，对获奖学生的优秀表现进行肯定，激励学生继续保持，并鼓励该行为的继续发生，这些都是奖学金发挥正强化激励作用的体现。同时，高校奖学金也对其他没有获奖的学生有着强烈的激励作用。通过表彰获奖的优秀学生，给未获奖的学生树立榜样，感染未获奖学生，激励他们奋发图强，以获奖学生的优秀品行、优异成绩激励自己，按获奖标准严格要求自己。而对于获奖学生来说，奖学金是对他们学习和言行的高度肯定，获奖能使他们获得无法取代的满足感，从而让自己更加努力学习、提升自我。

（三）物质激励功能

高校奖学金不仅仅有精神激励的作用，也有物质激励的支持，而物质激励则是为了更好的实现精神激励。高校奖学金的物质激励功能，也能够帮助高校奖学金实现其基本育人功能。所谓物质奖励，是利用一定额度的奖金为学生提供帮助，在学生成绩达到奖学金的评选标准后，高校会通过奖学金这种方式为家庭困难的学生提供经济帮助，为家庭经济一般的学生提供奖金这种方式来表示对他们成绩的认可和奖励，从而促进优秀人才的自我健康成长。高校奖学金设立初期的目的是帮助家庭经济困难的学生顺利地完成学业，因此初期的奖学金也有物质资助的性质，它为更多的学生提供了受教育的机会。根据规定：本专科学生国家奖学金的奖励金额为每学年 8000 元，励志奖学金为每年 5000 元，其他名目的奖励金额几百至几千元不等。奖学金的显著特点之一是大部分奖学金种类的金额都比较高，这样能直接减轻获奖学生的学业负担和生活压力，能够促进教育公平和社会公平。奖学金不仅为学生带来经济上的帮扶，更应该为他们树立正确的人生导向，传递正确的价值观。国家之所以提供高额奖学金是为了奖励优秀的学生，帮学生们解决经济上的困难，激励学生奋发有为。奖金发放之后，学生大肆挥霍和任意滥用等行为显然不可取，这些无度挥霍的行为将导致奖学金丧失其育人的功能。根据需求层次理论，人们只有在基础的生活需求得到满足后，才会丰富自己的精神世界，满足自身更高的精神需求，向更高的层次努力。奖学金的金钱资助是基础，只有物质得到满足，才能引导大学生不断的追求和自我完善，实现自我价值，从而实现奖学金的育人功能。物质的满足和享受只是人类的基本需要，追求生生不息的生命精神才是人类最终的诉求。

（四）能力提高功能

高校奖学金的能力提高功能主要表现在，各高校在奖学金设置方面都有相关规定，这一制度对学生的各项能力提出了诸多要求。除了学业成绩之外，高校奖学金坚持与学生的综合素质测评相结合，引导学生树立"努力学习，提升素质才能获得奖学金"的正确观念。另一方面，学校可以通过奖学金的评选来表达对大学生在校的学习、生活及思想行为表现的肯定。大学生获得这种肯定后，会在未来的发展中占有一定的优势，因此，大多数学生会把各种奖学金的评定标准作为自己日常生活行为和思想上的指向，为了使自己达到奖学金的评选标准而努力。这样无形之中学生各方面的能力就得到了提高。

（五）人格完善功能

中国传统人格教育倡导见贤思齐，楷模的力量在于能够鼓舞和激励人们追求更高的人生境界。高校希望大学生能够通过与同学朝夕相处，观看他人的言行举止，见人所长，补己所短。并由此明白：只要愿意去做，我也可以成为最好的。高校奖学金的人格塑造功能，不仅在于能够激励在校大学生努力学习，更侧重于大学生品德素质、心理健康的培养，将大学生塑造成适应当代社会发展的德才兼备的人才，并潜移默化地为他们今后的人生道路给予积极的指引。一方面，奖学金申请的必备条件中罗列了"诚实守信，道德品质优良"这条硬性规定，国家奖学金的评审条件中明确要求了参评大学生必须具有诚实守信的优良品质，反对依靠虚假手段获取综合测评加分的行为，督促大学生讲诚信、讲道德。这些都直接引导着大学生的品格塑造。另一方面，培养大学生责任奉献的品质，也是高校奖学金品格塑造功能重要方面之一。奖学金是国家和社会无偿给予高校优秀学生的奖励，获奖的学生需要心怀感恩，对国家和社会充满感激之情，并在日后将这份恩情在自己力所能及的情况下回报于社会。此外，奖学金名额少、荣誉高，学生只有不断进取、不断奋斗、自强不息、保持良好的心理品质才能够获得奖学金这一殊荣。大学生的心理状态也是高校目前必须关注的育人方向，大学生健康心理品质的培养是高校奖学金育人功能的实践内容，同时也推动着奖学金完善人格的功能的发挥。

三、完善高校奖学金管理制度的对策

（一）优化制度设计，激发育人功能

推进奖学金制度的法制化进程，为育人工作的开展提供法律保障，为育人功能的实现和完善提供有力支持。高等教育领域响应国家全面推进依法治国的号召，依法治校、依法治教、依法行政的步伐也在稳步推进。法制是法治的前提，良法是善治的根本。党的十八届四中全会召开后，依法治教在高校中全面推进。奖学金制度育人工作的开展，也需要有教育立法作为依据，否则就会无法可依，成为无源之水。"工欲善其事，必先利其器"，加快完善教育立法，是完善奖学金制度规范设计的首要问题。修订已有的教育法规，融入高校奖学金制度育人的内容。立法的前提应该建立在对高校国家奖学金育人工作的实践调研基础上，遵循科学合理的原则，并与已有的奖学金制度规范、管理办法、评审办法等相互照应、相互促进。完善奖学金制度教育立法，还要注意对工作程序和运行环节的规定，保障工作开展的公平正义。习近平总书记指出："要完善立法工作机制和程序，扩大公众有序参与，充分听取各方面意见，使法律准确反映经济社会发展要求，更好协调利益关系，发挥立法的引领和推动作用。"[1]奖学金制度立法，也要广泛听取学生、教师以及社会各界的意见建议，制定符合高校奖学金制度和育人工作的法律体系。修改已有法律规范、废除不合时宜的法律条文、解释不明确的法律规定、建立新的奖学金制度育人工作法规。

高校必须因地制宜、因时而异的设计和调整各项具体规范，促进本校

---

①李君如．坚持中国特色社会主义法治道路要处理好的六个重大关系[N].天津日报，
　2014-11-10.

国家奖学金工作顺利有效的开展，为其育人功能的实现提供制度规范保障。奖学金制度育人工作的开展，涉及名额分配、评选标准、综合测评细则、公示发放等系列规范。孔子倡导"因材施教"，根据学生的不同特点进行教育。高校在文化风气、综合性质、擅长领域、教学重点、学生素质上都有差异。各学院在落实制度规范时，也要根据学院特点和专业特色进行相应调整。如针对本学院情况给予相应解释、提出具体操作方法等。奖学金制度育人规范的设计也需要根据少数民族学生的分布特点，给予适当的政策照顾。其他典型群体如学生干部群体、国防生同学以及在职研究生等，在奖学金制度规范设计、名额分配中也需要具体分析和区别对待。赫拉克利特的名言："人不可能两次踏进同一条河流"，也向我们揭示了事物是变化发展的。学校响应国家大政方针，同时针对本校的情况做出相应调整，这样才能更有影响力。高校奖学金制度育人规范的探索，广泛听取学校老师和学生的意见，制定出更贴合实际的条例规范。奖学金制度育人规范的设计，必须发扬民主。规范制定前，采取民意调查、科学调研，通过在全校开展问卷调查、举行座谈会等方式，为规范的制定提供可靠信息和依据。规范制定中，及时向全校师生反馈情况、公布进展，让师生了解各项动态。规范出台后，借助校园网站、专题讲座等形式，让师生能够深入了解各项规定。设立专门咨询处以网络答疑、正面交谈等方式解决师生困惑，增进他们的认识；促进奖学金制度育人功能的实现。

国家奖学金需要科学合理的工作监督体制，促进奖学金工作的公平、公正开展。国家奖学金工作的监督，要对国家奖学金工作全过程的实施监督，既要对评选结果的实施监督，也要对评选流程的实施监督；既要对学生的参评行为实施监督，也要对教师的工作情况实施监督。构建全程监督与全员监督的监督机制，保障制度育人的效果。高校国家奖学金管理办法中提到的公示，是监督的一种形式。高校国家奖学金获奖者的名单公示应严格遵守国家规定，实行学院和学校的双重公示。公示方式上，将传统的公告宣传栏张贴与现在网络公告相结合，便于广泛监督。高校也需要健全国家奖学金申诉制度，建立申诉委员会，鼓励师生对发现的国家奖学金育人工作中存在的不公、不合理现象进行申诉，切实保障申诉者的隐私权，维护学生的切身利益。国家奖学金评选期间，建立国家奖学金工作专门办公室，通过网站建设等方式公开国家奖学金工作进展，即时向师生、社会各界公布工作动态，信息公开。全民监督、全方位监督，规范学生的参评行为和教师的指导行为，保证奖学金制度育人工作的正常开展。高校和上级教育部门依法健全教育督导机制，在育人工作的开展中，做好专项督查工作。

国家奖学金工作监督机制的健全，还需要建立国家奖学金使用的跟踪反馈机制。奖学金的使用走向，影响着育人的导向和效果。国家奖学金采用一次性方式发放全额奖金，高额的奖金额会给学生的学习和生活提供有效帮助。跟踪反馈机制的建立，是为了督促国家奖学金获得者合理的使用奖学金，将奖金的使用和育人目标有机结合。通过对获奖学生进行信息的统计，以一个月或一个季度为时间期限，定期回访获奖同学，获取奖学金的使用走向和对他们的教育意义。对不合理使用奖学金的行为，及时制止和纠正；对屡劝不改的获奖者，可剥夺其获奖资格，收回国家奖学金。及时的跟踪反馈，监督获奖学生国家奖学金的使用行为，促进奖学金制度设立的育人宗旨的实现。

（二）加强制度宣传，规范育人环节

前期的制度规范宣传与后期的表彰活动有机结合，在宣传中育人。宣传工作是预热阶段，必不可少。通过校园网站宣传，将各项具体信息在校园网站上及时公布。校园广播站的播报和校园宣传栏的告示张贴，也是学生及时有效获得国家奖学金信息的重要途径。深入的宣传，还需要开展专题讲座等形式。聘请专职老师在学生中开展国家奖学金的专题讲座，介绍奖学金制度的最新动态，明确国家奖学金的定位。将奖学金制度的宣传纳入到新生入学教育内容体系中，在新生中增进认识，激励他们从入学起就努力学习、自我提升。重视后期的表彰宣传，通过召开全校表彰大会、国家奖学金获得者的优秀事迹宣传手册、专题演讲、经验交流会等形式来开展。表彰大会表彰优秀学生，由学校领导给获奖者颁发荣誉证书，鼓励他们再接再厉。优秀事迹宣传手册由学校或学院组织编撰，并在学生中广泛传阅，鼓舞广大学生。专题演讲和经验交流会，主要是组织优秀学生向渴望优秀的学生传递自己的经验和教训，共同努力、共同进步。国家奖学金对每个学生都是至高无上的荣誉，是对获奖者的肯定，也能对获奖者起到一种激励作用。

斯金纳的正强化理论认为，对人的某种行为进行奖励和肯定，那么这一行为很可能会被重复。表彰宣传获奖学生和他们的优秀事迹，也会引发对该学生和他的优秀行为的效仿。表彰宣传也会对获奖者产生一定的约束作用，作为全校学生的榜样，获奖者更加重视自己的言行举止，多方面督促和完善自己。

（三）加强工作引导，拓展育人载体

加强国家奖学金工作教育引导，要重视教育内容的丰富和教育载体的开拓。中国中央、国务院 2015 年颁发的《关于进一步加强和改进新形势下高校宣传思想工作的意见》（下文简称《意见》）指出，高校宣传思想工作的主要任务有："坚定理想信念，深入开展中国特色社会主义和中国梦宣传教育""巩固共同思想道德基础，大力加强社会主义核心价值观教育""壮大主流思想舆论""推动文化传承创新""立足学生全面发展，努力构建全员全过程全方位育人格局"。奖学金制度育人工作的开展应积极响应《意见》的精神，重视宣传思想工作，促进学生的全面发展。

教育内容的丰富。首先，重视诚信教育，"人无信不立"。社会主义核心价值观对个人提出了"爱国""敬业""诚信""友善"的要求。加大诚信教育的力度和广度，树立学生的诚信意识，纠正学生学术不端和学术造假的行为。其次，重视责任奉献意识教育，培养学生成为一名有责任、懂感恩、知回报的人。国家奖学金是党和国家对大学生的帮助和关爱。获得国家奖学金，就应该有效的使用国家奖学金为自己的成长、成才服务，培养和督促自己成为对社会、国家有用的人。再次，重视理想信念教育，有理想是四有新人摆在第一位的。大学生必须有坚定的理想信念，为实现中国梦而奋斗。把获得国家奖学金作为自己的小理想，付出应有的努力和辛勤的汗水。理想信念的实现，需要有"不积跬步，无以至千里；不积小流，无以成江河"的决心。最后，重视心理健康教育，端正学生的心态。开展心理健康教育讲座和完善学校信息咨询服务设施，引入归因理论、积极心理等心理教育内容，帮助学生改善错误的心理认知和心理暗示，正确地对待国家奖学金。此外，勤俭节约、自立自强等方面的教育也必不可少，教育活动在开展的过程中也要根据实际不断丰富和调整教育内容。大连理工大学的"诚信、感恩、励志、心理健康、勤俭"五项教育活动，发挥助困与育人结合，取了积极成效，也是教育内容中需要借鉴的。

教育载体的拓展。高校开展思想政治教育，需要不断拓展教育的载体，创新教育的方式。高校奖学金制度育人功能的完善，依赖广泛的教育载体。首先，坚持思想政治教育理论课主阵地，重视课堂教育的实效性。要积极探索和建立社会实践活动与专业学习相结合、与服务社会相结合、与勤工

助学相结合、与择业就业相结合、与创新创业相结合的管理体制，国家奖学金工作中的教育应重视学生暴露出来的思想问题，与育人困境相结合进行。改进教育方法，进行针对性教育。其次，营造积极地国家奖学金评选氛围和校园文化环境。良好的氛围，对学生的教育起到潜移默化的积极影响。利用校园广播、网站、校报和校园宣传栏等媒介宣传理想、诚信、责任意识教育内容，帮助学生树立正确的态度和认知。再次，推进新媒体载体在奖学金制度育人中的运用。新媒体、自媒体时代到来，手机等通信设备在学生中普及，QQ、微信等聊天工具成为学生交流的主要手段。建立班级、年级微信、QQ群，及时将奖学金评选的动态告知学生，编订和发送定期的思想政治教育专题，发挥育人功能。过程教育与结果教育相结合，实现全程教育。将教育贯穿国家奖学金工作的始终，落实到每一个环节，提升学生的综合素养，实现奖学金制度的育人功能。

（四）提升队伍能力，保障育人实效

做好高校思想教育工作，关键在人。高等教育"育人为本，德育为先"的宗旨，是教育活动开展必须遵循的基本原则。高校奖学金制度设立的目的是奖优，更是为了育人。重视国家奖学金工作队伍建设，促进育人功能的实现。奖学金制度育人工作开展时，各学院成立专门的国家奖学金工作办公室，选取专门教师负责该项工作，辅导员老师和班主任导师从旁协助，发展学生骨干力量的参与，构建完善的工作队伍。

构建专职教师工作队伍，提高他们的工作素养。"师者，所以传道授业解惑也"，高校教师既要教书，更要育人。教师是践行和落实立德树人目标的主力军，国家奖学金工作的专职教师队伍，能从专业化和科学化的层面指导国家奖学金育人工作的开展。专职教师队伍的配备上，以班级为单位，每班分派一名专职指导教师，由负责学生工作的党委副书记统领。此外，教师队伍的专业素质和师德水平的培养也刻不容缓。2014年教师节，习近平总书记同北京师范大学师生座谈时，勉励全国广大教师要做"有理想信念、有道德情操、有扎实知识、有仁爱之心"[①]的好老师。国家奖学金专职教师队伍的素质，必须以这四有为标准。这需要高校对从事该项工作的教师进行专门培训，包括专业技能培训和师德建设两方面内容。专业技能方

---

① 唐斓."四有好老师"奖励计划颁奖典礼举行［N/OL］. 中新网，（2018-08-09）
［2023-12-12］. http://www.xinhuanet.com/politics/2018-09/09/c_1123401289.htm?baike

面，如对评选流程、工作方式、评选应当注意的问题等。这是师能建设的范畴，促进教师的专业成长。师德建设方面，是教师应当把握的工作立场、需要严守的工作纪律等，对教师应当遵守的道德行为规范进行宣讲。完善师德建设长效机制，严格考核教师的工作技能水平。通过学校和教师的共同努力，大力提高专职教师队伍的思想政治素质和工作素养。

培养学生参与意识，发挥学生骨干的作用。奖学金制度育人工作开展，需要师生的共同努力，实现育人功能。重视学生全程参与，既能提高学生的综合能力，又能促进评选的公平正义。传统教育观认为"教师是教育的主体，学生是教育的对象"现阶段，学生不仅是教育的对象，亦是教育的主体。发挥学生的主体作用，在国家奖学金评选中，重视学生自主参评、自我服务，是推进国家奖学金评选工作公正透明的重要途径。组建学生评选小组，发挥学生干部和党员的带头作用，广泛听取学生的意见建议。学生是奖学金制度的直接受益者，是制度育人的对象。奖学金的评选中，学生会表现出更大的责任心和谨慎的工作态度，对于测评各项材料都会认真检查，做到该加的分一分不少，不该加的分一分不多，维护评奖公正。学生自主参评时，教师应从旁指导，及时解决学生遇到的问题和困惑。学生骨干的参与，是学生自我教育的过程。学生的主人公立场，有助于育人工作更好地开展。教育与自我教育相结合，有助于育人功能的实现。

（五）合理评价工作，提升育人质量

建立国家奖学金工作评价体系，有助于提高奖学金制度的育人质量，有助于制度育人规范和工作的完善。国家教育主管部门和各高校必须提高重视度，积极将评价引入奖学金制度育人的实践，实现激励、引导等育人功能。奖学金制度育人工作评价体系，应该包括评价体系的筹划阶段，评价体系的运作阶段和评价体系的反馈阶段。筹划阶段需要确定奖学金制度育人的评价项目，了解奖学金制度的内容和育人工作开展的背景，从而设计评价方案。奖学金制度的育人功能中，评价的项目应该包括制度育人的规范、制度育人的实践以及制度育人的效果。运作阶段，则主要包括对评价项目的信息收集和分析两部分。反馈阶段，即撰写评价报告、反馈评价信息、总结评价工作。反馈阶段是评价体系的关键阶段，前期和中期的工作都是为反馈做准备，反馈则是经验总结的过程，为以后工作的开展提供借鉴。

绩效评价机制，是评价机制中被采用最多的方式，奖学金制度育人工作也需要构建相应的绩效评价机制。高等教育绩效评价在我国日益受到关注，建立国家奖学金工作绩效评价机制，有助于提升奖学金制度的育人功能。绩效评价在管理领域广泛运用，绩效通常被理解为，人们所做的与组织目标相关的行为，或组织活动产生的结果。绩效评价则是对特定行为和结果的评价，逐渐应用到其他组织活动评价中。国家奖学金工作的绩效评价机制，为国家奖学金工作的开展提供理论依据，为评奖细则的完善提供有效信息，为各项工作的开展提供科学参考。绩效评价机制的评价内容，是育人工作实践的全过程，包括工作各阶段的育人情况和总体育人效果，也包括各阶段的工作投入与产出的对比。把这些都纳入到绩效范畴中，对其进行评价，总结经验教训。绩效评价，需要坚持目的性、客观性、系统性和人本性的原则。通过对奖学金制度育人工作的整体投入，包括人力、物力和财力的投入等进行评价。对育人工作的阶段成效，主要是指工作完成情况、学生的参与和教育情况等进行评价。对育人工作的结果，主要是指国家奖学金工作的成效、教育效果等进行评价。通过系统的计算，得出建设性意见，便于日后工作的改进。采用多角度、多元化和全方位的评价方式，通过定性评价与定量评价相结合，建立奖学金制度育人功能的绩效评价机，实现育人功能。

建立科学公正的评价机制，规范国家奖学金的评定流程，增加国家奖学金评选工作的公正透明度。国家奖学金的评审工作坚持"公开、公正、公平、择优"的原则，保障学生的知情权、参与权，维护学生的切身利益。高校国家奖学金评比采用综合测评的方式，智育、德育、文体美三类评分的总成绩构成学生的最终测评成绩。如何使综合测评更为客观、公正、合理，还需要对细则进行解释说明。智育测评方面，细化科研成果加分的规定。

（六）协同奖助制度，完善育人体系

奖学金制度与其他奖助制度有机配合。高校奖学金制度与其他各项奖助制度有机配合，是对效率与公平原则的运用。奖学金制度重视奖优，高等教育资助的总目标是为大学生提供受教育的机会，解决学生的经济生活需求。前者重视效率，后者旨在促进教育公平。效率与公平相结合，有助于更好的实现效率。奖学金制度是高等院校奖励优秀的重要制度，更是高等教育资助体系的重要组成。我国建立了"奖、贷、助、减、补、勤"等多种形式相互配合的高等教育资助体系。国家奖学金是资助体系"奖"中的最具代表性的部分。由于国家奖学金名额有限，只有极少数的学生能获得此殊荣，容易在学生中造成紧张情绪、嫉妒心理等问题。这就需要发挥其他各项社会奖学金、学校奖学金的作用，完善奖学金的设置形式、拓宽奖学金的来源渠道，除了常规的学业、综合、三好学生、优秀学生干部奖学金外，学校还应当重视设置特长奖学金和进步奖学金。让每个学生都能凭自己的某一方面能力，取得相应的荣誉，激励每一名学生争做优秀。"奖"与"贷""助""减""补""勤"也需要有机配合，完善绿色通道和助学金、减免学费、补助金以及勤工助学等制度，根据不同学生的需求有侧重的给予帮助。学校和社会大力开辟勤工助学岗位，让学生在劳动中收获报酬、锻炼能力。研究生中"三助一辅"的实施，既对有需要的研究生提供了经济帮助，更有利于研究生能力的培养。构建效率与公平相结合的高等教育资助体系，凸显国家奖学制度的育人功能。

管理和规范期刊市场，端正学术科研风气。学术论文、发明专利等学术科研成果在国家奖学金评选中起到了越来越重要的作用，不仅学生高度重视，也引起了期刊机构的关注。传统观念里，作者投稿、杂志社征稿、向作者支付稿费、文章出版的投稿用稿程序完全被颠覆，出钱发稿成了主流趋势。高质量的期刊，因为学生的学术身份而不给予学生发稿机会。管理和规范期刊市场，需要国家相关部门和高校的通力合作。国家行政主管部门针对现有情况制定和完善已有规范，管理期刊市场。严惩不正当收费发稿的期刊杂志社，通过罚款等行政处罚的方式责令其改正，对于严重违纪的期刊杂志社可以吊销其营业执照。高校方面，完善科研评定细则，重视学术论文和专利发明的质量，对有学术研究价值和社会价值的成果进行表彰，严把质量关，端正学生的学术态度。同时，为学生的科研发表提供途径，对于学生中出现的优秀学术成果采取推荐的方式，帮助其发表。引领科研的正气之风，端正学生的学术态度。管理和规范期刊市场，严格论文、专利的发表，维护高校积极向上的学术风气和氛围。

综上，高校奖学金制度育人功能的实现，需要从六方面加以完善。制度规范设计方面，法制化与民主性相结合；运行环节方面，重视宣传和保障公平评选流程；教育引导方面，丰富教育内容、拓展教育载体；工作队伍方面，构建专职队伍、重视学生参与；教育评价方面，完善绩效评价机制；监督管理方面，全程与全员监督相结合、建立跟踪反馈机制。以此，促进高校奖学金制度育人功能的实现和完善。

高校奖学金制度，在引导大学生的思想行为、激励他们奋发图强、帮助他们完成学业方面、促进他们道德水平提高等方面都彰显了重要的育人功能，体现了党和国家对大学生的深切关怀和殷切希冀。奖学金制度日趋完善，育人目的更加明确，奖励额度和奖励范围也在逐步扩大，激励着大学生们的奋斗热情。奖学金制度育人的实践中，也显现出了一些问题和困境，阻碍了育人功能的实现。

第六章　大学生活动管理

第一节　大学生社团活动管理

一、大学生社团

（一）大学生社团

社团是社会团体的简称，它是指具有某些共同特征的人相聚而成的互益组织，1998年国务院颁布的新的《社会团体登记管理条例》是这样来定义社团的："社会团体是指中国公民自愿组成，为实现会员共同意愿，按照其章程开展活动的非营利性社会组织"，因此社团需要具有非营利性的特点。

大学生社团属于社团的范畴，在现有的研究成果中，研究者们对于大学生社团的定义虽然不尽相同，但是"以兴趣为基础"和"学生组织"这两点是对于大学生社团定义中的普遍共识。在这两点共识的基础上，《中国大百科全书》①对学生社团解释为中国中等学校和大学生在自愿基础上自由结成的群众组织。这些社团可打破年级、系科以及学校的界限，团结兴趣爱好相近的同学，发挥他们在某方面的特长，开展有益于学生身心健康的活动。该定义重在强调学生社团可以跨出专业的限制，实现兴趣导向。同时，有学者强调规范性是大学生社团区别于兴趣小组的重要标准，学生社团是大学生基于共同的兴趣、爱好、认同之下，为了共同的目标与理想，经学校职能部门同意并经过一定的程序成立的学生团体。

大学生社团最早出现于18世纪。在"二战"以后随着实用主义等思潮的影响，国外高校开始转变之前反对或无视大学生社团的态度，变为重视和支持大学生社团的发展。20世纪以来，国外的大学生社团发展迅猛，这其中多以高等教育发达的国家为代表，例如：美国、英国、德国等欧洲发达国家。国内的学生社团也可以追述到晚清时期，1904年成立的"抗俄协会"是现存资料可考的第一个学生社团组织，在两百多年的历史征程中，

①胡乔木，姜椿芳，梅益. 中国大百科全书[M]. 北京：中国大百科全书出版社，1993.

中国的学生社团，走过了一个从无到有，从种类单一到百花齐放，从寥寥无几到蓬勃兴旺的历史过程。

1916 年蔡元培就任北大校长，中国的高等教育进入了一个崭新的时代，蔡元培"思想自由、兼容并包"的主张孕育了中国大学生社团第一次繁荣。"五四运动"前后成立的一批诸如新潮社""马克思主义理论研究会"的社团，在当时的中国青年中产生了广泛影响。

从日军侵华到中国解放这二十多年的时间里，大学生社团的发展出现了停滞和倒退。新中国后，大学生社团遇到了崭新的发展契机。1956 年成立的"五四文学社"至今一直是北京大学富有重要影响力的学生社团，由其发起的活动"未名诗歌节"，在如今的北大校园中，甚至中国的文学界都有着非常大的影响力。五四文学社从成立至今，培养了谢冕、孙玉石、张承志、陈建功、海子、骆　禾等一批在中国文学界举足轻重的大师，极大的推动了中国诗歌文学发展。

改革开放之后，大学生社团的发展开启了崭新篇章，进入了一个高峰时期。高校校园涌现出了一大批形式各样、组织创新的学生社团，随着我国社会的不断进步、高等教育的持续发展，学生社团的发展也在不断地迈步前进。如今纷繁多样的社团组织，已经成为了大学的重要标志之一。

（二）大学生社团的类型

大学生社团蓬勃发展，数量递增，社团活动形式多样，内容丰富，涉猎广泛，并在大学生素质拓展过程中发挥了重要的载体作用，其大致可以分为七大类。

1. 理论学习类社团

高校理论类社团主要以"邓小平理论研究会""'三个代表'重要思想实践团""学理论、学党章"小组为主。在这类社团中，集聚了大量品学兼优的学生，并已逐渐成为培养青年马克思主义者的摇篮。近年来，这类社团在数量、规模、自身建设的规范性以及活动的质量方面都有明显的发展。

2. 社会科学类社团

社会科学类社团主要以史学、哲学、心理学、法学等社团为典型代表，具有一定的专业深度，同学们都有着共同的兴趣爱好，经常开展学术沙龙、讲座，畅谈感受，交流心得，以提高修养，提升素质。同时，在高校中普遍存在的读书会也是社会科学类社团的一种重要形式，它历史悠久，许多同学对此情有独钟,在大学生中有很强的生命力。

3.学术科技类社团

学术科技类社团主要是大学生以自然科学和技术知识为背景,结合各自不同专业而建立的一些社团。这些社团中有一大批专业能力强、创造能力强、实践能力强的学生,代表了目前大学生课外科技的总体水平。同时,这些社团也得到了学校和社会在指导教师和物资资金等方面的支持,社团结合科研和生产实际,致力于科研课题的攻关,有些科研成果还因为其实用性强,使用面广而在生产实践中得以应用推广。目前科技类社团的专业指导主要是学校的系、研究所或专业教研室,学校有专业经费支持,因为有组织保证和经费支持,一些研究生也参加了社团的活动,从而提高了科技类社团的层次。近年来,大学生创业热潮风起云涌,其中有一部分创业型团队就脱胎于高校中的学术科技类社团,他们将自己在社团中进行的科技研究成果积极推向社会进行转化,并吸引创业投资,积极探索大学生在市场经济大潮中搏击风雨的创业之路。

4.志愿服务类社团

近年来,随着社会对青年志愿者行动的进一步重视和认可,大学生志愿者的身影出现在城乡的大街小巷和各项大型赛事活动中,同学们在走向社会、深入社区、奉献才智的过程中也使自身的社会化进程迈进了一大步。在这一过程中,一批具有较高社会责任感的志同道合的学生聚在一起,成立了这种新型的社团。这类社团也成为了大学生们用自己的专业特色或一技之长服务于社会,并在服务之中培养爱国主义、集体主义、社会主义精神的重要途径。随着精神文明建设的深入,这些社团的数量也在高校中急剧增加,充分体现了高校在精神文明建设中的重要作用。

5.文学艺术类社团

文学艺术类社团是校园文化建设的重要力量,其主要形式分为三类:一是文学类艺术社团,如诗社、文学沙龙、文学社、英语协会等。二是综合类艺术社团,尤以各校大学生艺术团为代表,这些艺术团以提高学生艺术修养、培养艺术才能为目的,充分展示了大学生的艺术才华,这些社团不仅在学校中进行展演,同时也将校园文化推向社区、推向社会,使高校成为社会主义精神文明建设的重要力量。三是大众化程度较高的艺术社团。在这之中,尤以摄影协会、影视协会、插花协会等参与者为众。这些社团的成员都在既大众化又带专业的成分在内，将兴趣爱好充分体现在社团活动中，往往更能够自发地产生很多好的活动成果。戏剧音乐类社团也是艺术类社团的一种形式，但它还具有更专门、更特殊的特点，目前戏剧音乐类社团主要分作三类：一是话剧类，如复旦大学的燕园剧社等，这些话剧社团或自编自导自演，或请名家辅导定期开展活动，间或还和专业学习结合在一起。二是戏曲类，以弘扬民族传统戏曲为己任，定期开展活动。三是音乐类，主要由一些喜欢音乐创作和演奏的学生组成，他们受社会新潮音乐的影响也很大，集自娱自乐和灵感创作于一体，是学校中较为前卫的学生社团，这类社团成员较为固定，有一些很有凝聚力且又有很强专业能力的核心成员，这些核心成员决定了社团的存在和发展。

6. 体育健身类社团

体育健身类社团结合全民健身运动的开展，寓竞技和娱乐于一体。目前高校体育健身类社团以四类为主，即球类、棋类、技击类、健美舞蹈类。在球类社团中，除了比赛以外，还承担球迷拉拉队、裁判培训、组织看球评球等工作。随着各项全国球类比赛的火暴，学校这类球类社团也随之发展，足球、篮球、网球、乒乓球、羽毛球社团为最多。在棋牌类社团中，围棋、桥牌、中国象棋占前三位，这些社团经常开设各类讲座，分析棋牌局，组织开展比赛。因为投入不多，所需场地不大，得到学校各方的欢迎。在技击类社团中，以武术、空手道、跆拳道、拳击社团为主，尤其是一些全国招生的学校，有较好地组织这类社团的基础，也满足了学生以强身防身的需求。在健美舞蹈类社团中，健美操和国际标准舞方面的社团占绝大多数，并且成为参与社会健美操比赛的重要参赛队伍，这也为丰富学生的交际能力和审美情趣打下了一定基础。除了以上四类社团以外，还有如长跑、溜冰等社团。

（三）大学生社团的特点

参与学生社团，是学生丰富校园生活、培养兴趣爱好、参与学校活动、扩大求知领域、增加交友范围、丰富内心世界的重要形式。随着教育体制改革的不断深入和大学生学习、生活方式的新变化，大学生社团日益成为高校中具有重大影响力和凝聚力的群体。大学生社团具有以下几个特点：

第一，源于学生，服务学生。大学生按照自己的需要创造社团。高校社团是大学生在实践中创造出来的，他们发挥自己的主动性、积极性、创造性，创造出适合大学发展和他们自身发展的社团。同时，大学生在被创造出来的社团氛围中，接受社团的熏陶，接受高校社团文化的教化作用，接受文化环境所赋予的情感、思想、意志、价值、意义，从而使自身各方面的能力得到进一步提高。

第二，具有一定的目的性。人的行为源于人的需求。大学生组织或参与社团活动，经营社团，创造或改造社团文化，其目的是为了满足自身的某种需要，如情感的需要、发展的需要、提高各种能力的需要等，是为了借助社团的力量实现自己的愿望，达到自己的目标。

第三，在继承和创新中发展。高校社团是继往开来的，在建设中它不断吸收之前的宝贵经验和优良传统；同时在继承的基础上又有所创新，有所发展，社团建设鼓励集思广益，勇于创新，不断开拓进取，以打造社团建设独特的品牌。

第四，在新旧交替中发展。学校每年都会招收各地来的新生，增强学校生力军的同时也为社团注入新鲜的血液。正是这些新鲜的血液为社团注入源源不断的活力，让社团永葆青春，紧跟时代潮流。当然仅是注入新鲜血液还是远远不够的，还得吸收与归融，每个社团的一分子在享受社团文化资源的同时会尽自己的一份心力去浇灌、去耕耘、去充实属于大家自己的沃土。就是靠着这些朝气蓬勃的新成员，才使得学生社团得到维护、加强与巩固，才使得社团文化得到继承和发展。

（四）社团的育人功能

高校社团是课堂教育的补充形式，是高校育人的重要组织部分。高校社团的育人功能以高校社团为育人载体，将育人功能与社团活动相结合，使育人功能融入在社团活动之中，使社团成员在进行社团活动的同时能够潜移默化的接受教育，从而达到育人的效果。

1. 价值导向功能

传统的价值导向功能是在社团活动的过程中为社团的成员传递正确的理想信念，在活动中指导成员，在思想上凝聚成员，使同一社团的成员能够凝心聚力，充分发挥自身的主观能动性，为社团创造更大的价值。传统的社团导向功能也要求在社团中体现思想能力的提升，比如在"学系列讲话，讲理论故事"的活动中，社团成员通过学习习近平总书记的讲话，挖掘了每个理论的深层次含义，在交流互换的过程中彼此学习，强化了政治素养也提升了思想深度。在社团的活动中，以思想带动行动，以行动感召价值。

新时代的高校社团的价值导向功能更加注重强调新时代的育人理念，要求育人与社团活动相互融合，在传统社团育人功能的基础上更加重视政治共识性和思想一致性。要求社团活动要为社团营造良好的政治思想培养环境，社团活动要坚持正确的方向，统一的行动，新时代高校社团的思想价值功能要求社团成员更加关注国情、党情、政府政策以及社会热点问题，要以正确的价值观和世界观来引领大学生正确的认识客观事物，这是"社团思政"最根基、最深远的力量。比如在学习党的会议精神的社团活动中，社团成员不仅仅对会议内容有更深入的了解，也在学习的过程中强化了自身的政治素养，这种功能是潜移默化的，在理论学习类社团中体现的更为明显。

2. 全面自我教育功能

传统高校社团的最主要的功能是教育功能，大学生在参与社团活动的过程中实现着自我教育。社团教育中的"三自教育"，尤其是自我教育，社团是最有效也是最主要的载体，具有很强的自我能动性和创造性。社团组织及社团活动能够培养大学生的思想品德、兴趣爱好、独立发展、性格塑造等方面提供了不同种类的教育平台。不同类型的社团的活动形式和内容有着不同的教育功能。如志愿服务类型社团有着传播服务大众、服务社会、热心公益等高尚品格的作用；理论学习类社团可以引导成员树立正确的人生观、价值观和世界观，以坚定的理想信念面向未来；学术科技类社团可以挖掘成员的智慧，鼓励成员以科学技术武装头脑，并且这类社团参与的科技竞赛比较多，在参与过程中可以培养成员的团队协作、合作竞争的品格；运动竞技类社团，成员在该社团中可以发挥体育竞技精神，在达到一定竞技目标的同时，引导成员强身健体，积极生活。

新时代高校社团的育人功能在传统育人功能的基础上更加强调自我教育的全面发展，充分调动社团成员的主动性和创造性，增进社团之间的交流协作，倡导不同社团的不同育人功能之间相互贯通，从而达到对社团成员的全面、均衡、协调发展。新时代的高校更要求培育"四有新人"，新时代的高校社团更要求自我教育的全面化，因此社团在高校育人中有着特殊的导向作用。传统的课堂教育只能从单方面传达教育精神，而社团在借助社团活动这一载体可以实现多重教育目标。如理论学习类社团与学术科技类社团之间的联合，开展理论科技知识竞赛，一方面可以向学术类社团传播先进的思想理念，另一方面理论类社团可以用科学技术来充实理论，二

者既能丰富社团活动内容，又使成员在活动中自身的思想素质、行为能力
得到提升。社团的全面自我教育功能能够在充分发挥自我能动性的基础上
锻炼成员品质、也弘扬了先进的思想和科学技术。

3. 能力互通的平台功能

传统高校社团的成员和新时代高校社团的成员都是由来自不同的专业、
不同的年级、不同地域的同学组成，多类型决定了社团强大了社团的结构
拓展功能。当不同类型的成员加入到社团中，在参与社团活动的过程中会
因为自身的原因对问题的思考有着不同的见解，形成了不同专业知识的相
互碰撞，不同学科类型的交叉也使社团成员从中受益。社团本体也在交融
中提升了社团内部的知识层级和范畴，更有利于理论与知识相结合，完善
社团的组织构建。

新时代高校社团作为校园文化的重要载体，不仅仅要求能够拓宽成员
的知识面和学习视野，也要求在社团活动的同时培养自身的综合能力。新
时代的高校社团为不同社团、不同成员之间搭建起一个能力互通的平台，
使之相互之间能够互相学习沟通。个体的全面的自我教育后应与不同个体
之间相互连接，交流彼此的心声，促进成员的身心健康发展。比如心理顾
问中心开展的心理健康月活动，就旨在倾听大学生的心里话，"树洞秘密"
活动运用匿名的方式使大学生能够畅所欲言，而不会受到空间的阻隔。新
时代高校社团的能力交互转化功能同时也是"社团思政"的重要表现，"社
团思政"要求育人理论与社团理论相结合，就要将高校育人理念寓于丰富
多彩的社团活动中，使之能够在相对宽松、平等的交流范围中实现教育的
目的。另外，高校社团较其他组织具有一定的松散性，丰富校园生活的基
础上，这一点更有利于繁荣校园文化和优化校风学风。目前，许多高校都
强调注重学生的综合素质的提高，社团活动是这一要求的承载者。比如在
学术科技类社团、运动竞技类社团中可以提升成员的集体责任感和团队协
作理念。社团活动是学生自己的主宰场地，对成员有着深刻的感染力和感
召力，相同兴趣爱好的同学也在同一舞台上释放自己的激情和能力，良好
的社团环境氛围，也推动着校园文化的建设。党中央和共青团也多次强调
注重提升高校校园文化的建设。

4. 社会化功能

传统的高校社团通过举办形式多样的社团活动来为大学生提供独立发

展的平台，能够满足不同兴趣爱好的学生的需求，多种类、多样化的社团活动以及社团自主让社团成员在参与社团活动时能够充分满足成员展示自己，激发潜能的要求。一些有着较强的社团组织能力但是学习能力比较弱的同学就能在社团中找到自身的价值，实现个人的归属感，社团给了他们能够施展个人能力的空间。积极的参与社团活动的同学在进入工作中，能够更快的融入新的集体，也有更强的适应能力，社团不仅仅培养了成员的个人能力也在潜移默化中为他们提供了进入社会的经验所得。如今的社会是一个注重人才的社会，高校作为人才输出的主要阵地应培养社会所需的不同方面的人才，除了学术型人才以外，高校社团为社会提供了社会所需的适应型人才和能力型人才，一些有着社团组织者经验的大学生在社团中培养了领导能力、组织能力、团队能力、整体思维的能力，这些能力使之更好的成为"准社会人"，是高校社团的育人功能的最好实现。

除此之外，教育工作者也可以将工作视角放在高校社团上，运用高校社团的辐射面广，传播力强的特点帮助人们转变原有的错误思维，做好引导工作，逐步提升人们的思想素质。目前在党中央进一步加强对大学生育人工作的时代背景下，高校社团在新时代中发挥着举足轻重的作用，不仅对个体有着深远的影响，也对校园文化有着提升作用，这就是社团思政带来的全面的影响，不仅起着从内到外的的感应作用，也从外向内的调节社会对学生带来的一些不利的影响，更好的推进学生工作，提升"准社会人"的整体素质。

二、社团活动与学生管理的关系

大学生活基本由课堂教学与校园生活共同组成，社团活动作为大学生校园生活的一部分，是第二课堂的重要载体，能积极有效地使大学生增长知识、提高素质，培养能力，是高校育人的一个重要渠道。此外，社团活动还是大学生步入社会，与社会沟通的渠道和桥梁。他们在活动中能以社会规范约束着自身的行为，学习与社会相适应的各种规范、知识、技能和生活方式，在学生实现社会化、促进心理健康、专业素质培养、育人、创新能力培养、精神文明建设、音乐教育、个性培养、创业能力培养等方面都具有重要作用。当代大学教育在改进正规教育、强化课堂教育的同时，也注重非正规教育的开展，加强课外活动，积极创造学生参与社会活动的机会，使其在活动中发展各方面的能力，不断完善自我，并与社会发展形成一种动态平衡。这可以说是当代大学教育变化的一个重要趋向。丰富多彩的社团活动可以活跃学校的学习氛围，丰富学生的课余生活，使大学生开阔视野，提高全方位的素质和能力，为将来走向社会打好基础。

三、学生社团活动管理的基本策略

在当前社会发展背景之下，高校社团不管是人员数量增加，价值观变化还是社团新工作的各项要求，这些成为高校社团发展的重要驱动因素。对此高校社团要把握发展契机，采取有效的宣传方式，借鉴理论等方法，确保高校社团管理当中的创新性以及传承性做到位，这将有效地提升社团的发展品牌价值，进一步将育人功能放在一个非常重要的位置。

（一）加强社团活动的理论性

在高校社团发展当中，要进一步加强理论方面的学习强度与学习频次，其中可将党的理论从浅层到深入进行剖析，将此作为社团育人功能价值观的重要引导。以理论学习型社团为例，这类社团要加强理论与实际方面的学习，通过理论联系实际来帮助社团成员了解现实生活当中的问题，然后进行问题剖析达到解决问题的目的。对于问题的解决要深入事物规律，能对事物发展做好预测。事实上，结合当前这类社团发展情况来看，基本上会配备一些指导教师，所以可结合马克思原理进行争辩，进行反向教学，提升学生的思辨能力以及对于突发问题发生的防御能力。此外，可适当地将社团与课堂学习进行有机结合，帮助这些学生在思想政治课堂上积极发言，在问题解决时可适当使用理论，将理论学习放到一个重要的位置。学习理论之外，老师可引导学生对当前国家在执政、体制等方面进行了解，最为重要的是国家机器的运作如何影响市场、民生、文化、教育、医疗等各个领域。从理论层面来看，国家整体是由政治理念加以转化而来的；从实际层面来看，国家整体运用于各个领域。对于高校社团的开展发展到一定成熟阶段之后，可对国家政体的运作模式进行模拟，学生对国家各个执行层有了全面的了解，那么便能在日后的生活当中关注国家政府机关处理相关事宜的决策发表自我的看法，能够结合政务的复杂性进行剖解分析，这样的识别能让处于青年的大学生积极投身到政治工作当中，能为未来自己的职业生涯规划设计一份清晰的蓝图架构。站在长远的角度分析，华夏事业的伟大复兴，依靠的是青年学生，他们是祖国的希望与未来。他们今日所学并非是空中楼阁，而是会在某一天投身到中国改革当中的实践者。所以青年越早投身其中，就能越清晰地了解中国的政治体制，了解当前之不足，便能在日后改良当中进行微调，通过采取最为有力的手段，投入最少的要素，使得社会各个领域的发展处于均衡，这成为社会主义民主化进步的重要一步。思想政治理论方面的学习，能让优秀的大学生全面地看待自己，其理论会影响大学生的思想，那么在对理论讲解方面可采取主题宣传的方式进行党的理论的积极传播，将理论的分解与传授讲的更为透彻与清晰，能够化繁为简，以青年人的角度进行讲授，从而更好地了解党的理论。在学习的过程当中，要充分借助网络扩大辐射圈，进行红色理论等方面的学习，同时可制作学习清单、学习感想、学习收获，通过微博等方式进行传送出去，营造较为扎实系统的理论学习氛围。

（二）增强社团活动的技术性

对于科技类社团的创建，要找准切入点——科技高峰，将此作为指导理念，要让学生敢于攀登科技的顶峰，能在不断试错当中逐步找到真理，这需要的是孜孜以求的科学精神，改变学生不敢试的心理，在此过程当中可采取价值导向、素质提升、凝聚激励等功能作用的发挥，让广大的青年能积极前行。在社团活动中引入技术元素，例如使用编程、机器人、3D打印等技术工具，增加活动的技术性。

对于社团内部的管理，需要青年教师进行指导，因为青年教师能关注科技领域技术的具体走向，能向学生进行专业地言传身教。另外一种方法是进行外聘的方式。在这方面的内容引导可转向国际理论前沿内容，国际最新的科学技术水平，基于全球范围的框架基础上，引导学生积极参与到学科竞赛当中来，形成以技术探讨为主题的沙龙会。为了加强科技类社员建设的成效性，可在国际性纪念日组织活动，引导学生了解我国在科技领域的重大发明，以及在全世界当中具体所处的位置，这对于大学生掌握科学知识，在知识领域打下扎实的基础，具有非常重要的意义。为什么要加强社团学生的一种民族自豪感？因为科技的发展是建立在科学技术逐步突破的基础上逐步形成的，这能成为一种较大的驱动因素引导学生不断向前发展。在高校社团的活动当中，可开展学科竞赛作为活动开展的基础，在评价方面可从多个维度进行考虑。对于这类竞赛活动的开展，社团活动的范围可从赛事工作、成果展示、兴趣交友等方面开展，这对于科技类活动组织水平的提升有着积极的促进作用。

（三）扩大社团活动的影响力

在学生的全面发展当中，其主要的引导作用便是发挥科学价值观的引领价值，一方面要将高校社团放在一个重要的位置，其社团的发展要以学生的全面发展为根本，结合高校的建设发展与学生的发展方向进行合理捆绑，要引导学生的价值观积极朝着正面的方向加以引导。对于一个个体来说，有着什么样的价值观，就会在行动上有所表现。所以高校社团要积极发挥育人功能作用，具体要充分遵循全面协调可持续的原则。什么是全面原则？是指对于社团工作的指导要做到客观，对于社团思政教育功能的发挥要本着抓共性的特点，同时要抓住其要点，这样可结合不同的社团类型在充分抓住其共性的基础上，其指导工作的开展有方向，但是在具体制定方案时，要专门从特色方案角度出发，这样能兼顾全面与特色管理两个维度。所以采取这样的操作手法，能有效提升社团管理效益，而且能够发挥社团思政教育功能的独特性价值。

社团活动的确立是为了学生能全面发展，其发展要考虑到学生的个体，所以在学生育人方面要有侧重性，兼顾集体与个体的需求。将这类教育具体到学生个体，会存在着一定的差异性，所以在具体差异性方面要考虑到学生个体发展与社团活动提供之间的对应；此外在面对学生发展方面，不同的社团在具体举办方面的水平也是存在差异性的，那么对于学生来说，其吸引力也是不同的。所以在社团活动协调方面，要充分考虑到学生的成长需求，要对社团进行不同步骤、不同批次的进行分层指导，这样便能有效提升社团活动质量，在满足学生成长性需求的同时，有效提升育人成效。针对于第二种所提到的社区活动与校外组织活动之间的平衡，要考虑到具体开展的活动所取得的质量成效与外界力量之间具体涉足的一个关系。基于社团活动层面分析，希望校外组织能提供各个方面的帮助，确保社团活动的顺利开展，那么两者之间的平衡点要切实把握好。最后一个便是社团活动需要协调好与其他思想政治活动之间的关系，举个例子便是思想政治开展的主要渠道来源，辅导老师为学生安排的其他的思想政治理论辅导渠道，两者之间要保持一个平衡。从实际操作层面分析来看，要充分发挥主渠道的重要价值，那么高校社团是对思想政治工作开展的一个强化，是对学生综合素养提升的一个全面提升。对此就可以为理解高校社团成为高校思想政治工作开展的一个重要补充载体，这对于培养学生具有较强的政治素养，可在社团活动开展当中导入公民的责任与权力，并此进行微缩展现即可，这样可适当引导学生除了要拥有自己的兴趣爱好之外，也需要转向于国家的体制、层次等方面，将一些问题的分析，到方案的设计形成一个框架思路，对于学生的个体发展有着较大的意义，同时学生在关心自身利益的同时上升到国家利益，社会热点，在潜移默化当中增强学生的责任担当意识。

（四）提升社团活动的创新性

针对于社团联合会的建设，要充分依托当前的社团为基础，所以要依靠相关人员对一些发展能力强，具有一定前景的高校社团加以指导，从而发挥示范效应。在具体措施执行方面，社团联合会要帮助社团更好地了解自己的特质以及未来可以发展的基于当前的社团立足点，此时要在指导老师的帮助之下，明确社团未来的具体走向。在经过多方评估之后，具有较大发展前景的社团，要有一个明确的侧重点，可以朝着社团育人功能出发，结合社团活动内容的丰富结合育人功能为契机进行适当调整，这样可提升社团发展的实效性。对于精品社团的成长，要在一定的氛围下方可形成与发展。这个氛围可理解为是学校社团的总体发展趋势，所以对于这个氛围的营造要朝着积极向上的方向进行创建，对于优秀的社团可进行评比。对于这类优秀社团的评比，可选择的评比依据为该社团在思政教育功能方面发挥的实效性为根本点，具体的标准可将思政教育的维度与社团具体类型结合起来，对于后期具体评优的操作流程进行细化，这能对社团建设氛围的积极营造起到潜移默化的引导作用。相对于一些校外组织占据一定的优势，可以更好地弘扬社会主流核心价值观。在具体审批方面，需要对活动进行立项，其审批要根据社团活动思政教育功能所能达到的预期效果进行申报和表彰，通过这一手段来甄选优秀的内容，具体表彰制度的执行，能为高校思政教育功能的育人作用发挥到最佳程度，能为社团骨干交流工作提供引导。针对于一些特色的精品社团的建设与发展，还要导入社团如何进行规范化操作，如何打造社团优秀文化加入进来，作为社团文化评价的主要指标参照。

高校社团是培养新时代大学生综合素质的重要途径，是实现高校育人功能的重要载体。高校社团为大学生成为合格的"社会人"，提供了具有现实意义的路径。

第二节 大学生社会实践活动及其科学开展

一、大学生社会实践活动的科学内涵

大学生社会实践活动是大学生有目的、有计划地深入现实社会，参与具体的生产劳动和社会生活，以了解社会、增长知识技能、养成正确的社会意识和人生观的活动过程。大学生社会实践活动是高校教育活动的重要环节，它与课堂教育相辅相成，共同完成高校的人才培养任务，实现学生的全面发展。

大学生社会实践活动对大学生的全面发展具有重要的意义，具体来说主要表现在以下几点。

（一）社会实践活动是大学生树立科学世界观的需要

世界观是人们对世界的一般看法和根本观点。任何正常的人在其生活的过程中都会形成自己的世界观，但由于个人生活环境、所受的教育和影响不同，人的世界观也有很大差异。总的来说，世界观有正确和错误之分，而将正确的世界观理论化、系统化就成为科学的世界观。大学生树立正确的世界观需要靠两个方面的努力：一是大学生要经常与社会接触，不断突破事物的表面现象，深入事物的本质，从而不断校正原来从现象上获得的肤浅的或错误的认识，使自己的认识符合事物的本质及规律。二是要对大学生进行系统的思维训练，通过学习前人正确的世界观理论，了解人们在世界观上容易走上歧途的种种可能，让大学生对自己的世界观进行经常的反思，并不断地充实新的科学的内容。因而社会实践活动对大学生建立科学世界观很有必要。

1. 参加社会实践活动活动是建立科学的人生价值观的需要

共产主义世界观和人生观的形成不仅仅依赖于书本知识和课堂教育，更重要的是通过生活实践中的锤炼和体验来逐渐树立。共产主义世界观和人生观的核心是对人类社会发展的认识和理解。刘胡兰、王进喜、郑培民、任长霞等英雄人物的人生观也不是仅仅从书本上学到的，当代大学生的人生观形成也是如此。通过开展大学生社会实践活动活动，我们发现社会实践活动活动对大学生形成科学人生观至少有如下的作用：首先，它可以帮助大学生摒除理想中不符合实际的因素，使他们正确对待个人与社会的关系，培养踏踏实实的工作作风；其次，它可以帮助大学生树立坚强的意志，培养无私奉献的精神；最后，它可以帮助大学生接近群众，深入群众，为走与群众相结合的道路打下良好的基础。

2. 参加社会实践活动活动是培养社会主义信仰的需要

大学生在不久的将来，就会踏上工作岗位，成为祖国的栋梁之才，肩负起全面建设小康社会和实现中华民族伟大复兴的历史使命。因此，在当今西方敌对势力加紧实施"和平演变"的新形势下，培养大学生的社会主义信仰是大学生思想政治教育的首要任务。而对社会主义的感情仅靠读书是得不到的，必须通过对社会主义给中国带来的巨大变化、给广大人民带来的实惠中亲身感受和体验。通过参加社会实践，大学生可以更好地了解社会、了解国情、了解国家发展的需要，增强社会责任感和使命感，增强对中国特色社会主义的信仰和信心。同时，社会实践也可以帮助青年人更好地认识自己、认识自己的优势和不足，从而更好地发挥自己的优势，提高自己的综合素质和能力水平。参加社会实践活动是培养社会主义信仰的需要，也是大学生成长成才的重要途径。

3. 参加社会实践活动活动是大学生确立唯物主义历史观的需要

大学生正处于青年时代，可塑性很强，是世界观、社会历史观形成的关键阶段。大学生系统的专业知识学习和思维训练，对于形成唯物主义历史观固然是大有帮助的。但就目前情况看，在校大学生年龄普遍较小，接触社会的机会不多，社会经验不足，大部分同学对社会的看法简单化、片面化、理想化，这对大学生形成正确的历史观十分不利。克服这一不利的根本途径就是让大学生走出校门，深入社会生活，在社会实践活动中了解社会，从实践中发现真理，在实践中发展真理。这样，才能使他们的历史观与现实生活相符合。

当然，社会实践活动中接触的都是具体的社会事物，不可能通过一两次实践就改变了对社会历史的看法。不过，处在形成过程中的大学生的历史观是容易发生变化的，一旦接触了较多的社会事物，加之正确的引导，就会使他们的历史观发生转变。我们知道，只从政治理论课上学习历史唯物论只能学到"知识"，而要使知识转化为信念，使所学的理论真正转化为学生的历史观，必须通过社会实践活动。

（二）社会实践活动是大学生社会化的需要

社会化是指个人与社会生活不断调适，使个人由"自然人"发展为"社会人"的过程。大学生正处于社会化的最后阶段，显然，在许多方面已趋向成熟，但为了适应社会生活，仍需进一步学习。社会实践活动可以增强大学生的社会责任感。很多高校组织学生到基层开展社会实践活动活动，使同学们提高了对改革的复杂性、艰巨性的认识，增强了他们的社会责任感。在社会实践活动中，越来越多的大学生认识到，社会需要的不是冷漠的旁观者，也不是抱同情心的捧场者，而需要的是热情的、直接参加这项伟大建设工程的人。通过社会实践活动，许多大学生克服了原来自视清高的习气，自觉并充满激情地投入到学习、生活和工作中。社会实践活动可以推进大学生实现社会角色转变。社会实践活动活动能够帮助大学生找到自己和社会要求之间的差距，看到自身知识和素质上的缺陷，启发学生对自己进行重新认识和正确估价，促使学生从过去的"唯我独尊"的幻想回到现实，重新确立自我价值实现的基点，在纷繁复杂的社会中找到个人和社会的最佳结合点。社会实践活动可以促使大学生与长辈们沟通代际关系。由于当前一些大学生图安逸怕吃苦，自视清高；反过来，却认为他们的父辈过于保守、正统。两代人之间形成了一层无形的隔膜，究其原因，主要在于有些大学生缺少对他们父辈的了解，他们看不起父辈们那种思维方法和生活方式。在社会实践活动中，大学生以普通劳动者的身份，直接参加社会财富的创造活动，培养了他们尊重劳动成果、尊重父辈们的思想感情。总之，在社会实践活动中，两代人之间可以相互沟通和相互理解，彼此消除对对方的偏见，进而有效地促进两代人之间的有机结合。

（三）社会实践活动是提高大学生能力的需要

当代大学生在一定程度上存在着眼高手低、忽视社会实践活动、脱离群众、动手能力弱等不足，而积极踊跃地参加社会实践活动活动，有利于弥补大学生的这些不足。当代大学生绝大多数是在学校的围墙中长大的，而且越来越"小龄化"，大都走的是从小学到中学再跨入大学的升学之路，从而造成他们的社会阅历浅，社会经验少，实践经验匮乏等弱点。受片面追求升学率的思想影响，许多学生只注意书本，不注意社会实践活动，"高分低能"的状况比较严重。这严重影响了他们在各项建设事业中发挥作用，延缓了他们成才的进程。怎样才能缩短这一距离呢?实践是唯一桥梁。只有通过实践活动，才能使书本知识与实践操作合二为一。事实证明，通过开展社会调查、科技咨询、信息服务、义务劳动等社会实践活动活动，不仅可以使学生的智力资源得到直接的、有效的开发，达到分数与能力的统一，书本知识与实践的结合，还可以使个性不同的学生通过实践活动各获所求，各取所需，"缺什么，补什么"，从而有效地完善了现行的教学方法，弥补了大学生自身的弱点和不足。

（四）社会实践活动是知识分子与工农群众相结合的需要

回顾历史，凡是有所作为，有所创造的青年和知识分子无不投入到轰轰烈烈的社会实践活动中。许许多多的政治家、经济学家、教育家、军事家、文学家等都是在社会实践活动活动中茁壮成长起来的。他们在实践中身体力行，为我们提供了光辉的典范。可以断言，如果列宁同志、毛泽东同志不深入工农群众，不投入革命实践，他们就不会创新马克思主义，使无产阶级革命首先在资本主义统治薄弱的国家取得胜利，也不可能在半封建半殖民地国家取得新民主主义革命的胜利。所以，只有广泛、深入参加社会实践活动活动，和广大工农群众相结合，才是大学生健康成长之路。

（五）社会实践活动是全面建成小康社会、实现社会主义现代化建设的需要

当代的大学生，将成为新时代中国特色社会主义现代化建设的骨干力量。大学生参加社会实践活动，可以在社会主义物质文明、精神文明、政治文明建设中大显身手，在专业知识社会实践活动和树文明新风的社会实践活动中促进经济、政治、文化的平衡发展，从而为全面建设小康社会起到积极的推动作用。

二、当前大学生社会实践活动存在的问题

20世纪80年代后期以来，我国广泛开展大学生社会实践活动活动，取得了卓有成效的成绩，但也存在一些亟须解决的问题。

（一）有关方面对大学生社会实践活动的重视程度不够

一是社会对大学生社会实践活动的重视程度不够。大学生社会实践活

动需要社会为未来的社会成员提供实习的舞台。但事实上，一些地方或单位往往把接收大学生社会实践活动作为一种负担，不能积极主动地提供便利条件。二是学校对社会实践活动活动的重视程度不高。当前，一些高校在指导大学生社会实践活动方面，没有认真付诸实际行动。有的学校很少组织大学生参加社会实践活动活动，即便组织，也只有少数选拔出来的优秀同学有机会参与。三是大学生对社会实践活动活动的认识不够。有的学生认为社会实践活动是一种被动的参与，不喜欢参加社会实践活动活动，还有的学生认为社会实践活动会耽误自己的学习时间，对理论学习有负面影响。

（二）缺乏完善的社会实践活动运行机制

有的高校对大学生社会实践活动活动缺乏统一的指导和协调，组织形式不够灵活，存在团委、学生处、院系等多头管理的问题。有的高校对大学生社会实践活动的指导、监督及评价机制不够完善，指导老师往往无法跟踪指导、监督学生的实践情况。有的高校没有设置专项资金，而是由参加社会实践活动的学生个人承担一部分甚至全部费用，这大大降低了学生的积极性和主动性。

（三）社会实践活动形式内容缺乏创新力度

由于受某些行政化目标的影响，大学生社会实践活动活动自其兴起之日起，就被冠以某些特定的形式。虽然近年来，这样的束缚常常被打破，但较之于大学生个性化发展的多元角度，现有的社会实践活动形式和内容还是无法真正满足大学生对个人成长和服务社会的双重需要。以近年较为流行的挂职锻炼、创业实践、海外交流等为例，挂职锻炼活动虽然有参与度上的优势，能让更多的大学生有机会走入基层，但却又受到时间的约束，实际操作中很多大学生往往只是把时间用来适应基层的工作和生活，而在深入了解基层实情、为基层解决实际问题等方面毫无建树；创业实践活动虽然很好地满足了大学生的时代需求，但此类活动对社会资源的要求极高，高校往往只能倾其所有扶持几个点，在面上推开还有困难；海外交流活动同样也面临着资源紧张的问题，同时此类活动对参与者本身也存在一定的要求，苛刻地说还是属于一种"精英实践项目"。对众多普通学生而言缺乏引导力。

（四）社会实践活动的效果流于形式

有的高校把组织社会实践活动活动看做上级下达的任务，缺乏积极性与主动性。有的大学生把社会实践活动活动看做学校布置的额外作业，应付了事。有的企事业单位把大学生社会实践活动看做麻烦事，不悉心加以指导。这些现象偏离了大学生社会实践活动活动的宗旨，使大学生社会实践活动活动流于形式。

（五）社会实践活动基地建设不足

多数高校只追求社会实践活动基地的数量，却不重视发挥社会实践活动基地的作用。在联系社会实践活动单位时，有的靠大学生的父母亲朋联系，有的靠大学生自己寻找，学校很少予以推荐。目前，社会实践活动活动存在的这些问题，在很大程度上影响了社会实践活动活动的实效性。

三、大学生社会实践活动活动应坚持的原则

凡事都会遵循自己的一套原则，而大学生社会实践活动也不例外。大学生社会实践活动应遵循以下几方面的原则。

（一）坚持以正确的思想为指导的原则

大学生社会实践活动活动应坚持正确的指导思想，才能达到预期的目的，收到应有的效果。马列主义、毛泽东思想、邓小平理论、"三个代表"重要思想、科学发展观、习近平新时代中国特色社会主义思想是最根本的思想方法。一切工作都离不开正确的思想方法作指导，离开了它，就要犯错误，就将一事无成。

高校加强学生管理工作是培养社会主义建设者和接班人的必然要求，大学生社会实践活动的首要意义是将大学生管理的目标、任务和内容紧密结合起来，使大学生通过社会实践活动逐步树立正确的世界观、人生观和价值观，能够运用辩证唯物主义的基本观点，全面、客观地观察、分析和解决问题；能够用历史唯物主义的观点和方法看待社会和人生，正确分析和评价现实生活中的政治、经济、文化道德现象和各种社会思潮。

大学生在实践过程中必须自觉运用马列主义分析和解决问题，只有这样，才能形成正确的世界观、人生观和价值观，才能在政治上、思想上进步，才能真正在实践中增长才干，才能为社会做出应有的贡献。反之，大

学生的社会实践活动活动就会迷失方向，大学生们就不可能在政治上、思想上进一步成熟，就不可能真正地在实践中增长知识和才干，锻炼意志品质，也不可能为祖国、为人民做出更大的贡献。

应当根据不同时期、不同年级、不同专业学生的思想特点和大学生管理的要求，有针对性地确定社会实践活动的思想教育主题和内容、形式，使学生能够通过参加社会实践活动更好地在思想政治方面受到教育。

（二）坚持育人为本、实践育人的原则

实践不能偏离育人的主题，否则就会本末倒置。坚持育人为本就是在组织大学生参加社会实践活动活动的时候，要把优化学生的知识结构、促进知识的转化和拓展、增强学生技能、完善个性品质、树立社会意识等作为主要目的，其他一切活动都以此为中心。同时，在社会实践活动活动中应注意培养大学生为社会服务的意识和能力。为社会做贡献是衡量社会实践活动活动价值的一个重要方面，也是社会实践活动活动寻求社会支持、保证健康发展的必要条件。

所谓实践育人，是指以学生在课堂上获得的理论知识和间接经验为基础，开展与学生的健康成长和成才密切相关的各种应用性、综合性、导向性的实践活动，促进他们形成高尚品格、创新精神、实践能力的新型育人方式。

实践活动为学生从社会中学习知识提供了窗口，而实践过程本身也为学生增强实践能力、树立创新意识、培养团队精神提供了机会和条件。基于此原则，在社会实践活动活动的内容和形式安排上，一要坚持人才培养目标，使大学生通过社会实践活动活动的锻炼，培养高尚的德育素质。二要针对大学生所学专业和兴趣爱好，着力提高专业素质和文化素质。如果大学生无法在社会实践活动中学有所用，无法全身心投入，那么就不能实现其自我价值，社会实践活动将流于形式。既然我们把社会实践活动活动的立足点放在育人上，那么就应该把社会实践活动活动与大学生成才的愿望结合起来。如果活动的内容和形式不能被大学生所接受，即使是根据文件规定硬性地把他们组织起来去参加活动，也很难收到好的教育效果。

实践育人的观念一方面要求高校教育工作者要引导学生在社会实践活动中提高思想政治品德修养、社会责任感和历史使命感，激发他们的爱国主义精神，从而调动他们学习的主动性和积极性，充分发挥社会实践活动

锻炼人、教育人、培养人的功效。另一方面也体现了以学生素质发展为本的理念。大学生社会实践活动的目标之一就是促进自身素质的全面发展。

（三）同专业学习相结合的原则

一是要根据不同专业、不同年级学生的专业特点和专业水平，精心安排社会实践活动的内容。如对文科学生，可安排他们进行社会调查、宣传党的方针、政策等；工科、农科学生，可安排他们为乡镇企业、中小企业和农村进行科技咨询、技术改造、产品设计开发等。低年级学生可以考察、咨询服务为主；高年级学生、研究生则可围绕为接受单位排忧解难、办实事来安排活动。

二是要发挥专业课教师在社会实践活动中的指导作用，专业课教师通常具有更为专业的知识背景和丰富的教学经验，能够为学生提供史为专业、系统的指导和帮助，如带领学生推广学校的科研成果，指导学生为企事业单位承担生产技术课题等。

三是尽可能地把社会实践活动同专业实习结合起来，使学生更好地将理论知识与实践相结合，提高专业技能和综合素质，同时也为未来的职业发展打下坚实的基础。如在专业实习中，根据需要和可能，适当安排社会实践活动的内容。

（四）坚持理论联系实际的原则

马克思主义认为，理论的基础是实践，同时理论又为实践而服务。高校在人才培养过程中必须遵循这一基本规律把理论教育与实践活动紧密结合起来。毛泽东同志曾将知识分为书本知识和实践知识两种。大学生从小学到大学，接触的大部分是书本知识，十分缺乏实践经验。从一定角度看，他们的知识是不完全的，肤浅的。此外，从可持续发展战略来看，一个民族持续发展力和竞争力更多地取决于智力开发的状况。由此，高等教育面临着一个紧迫任务。就是在教育中如何开发学生的智力。

"实践是检验真理的唯一标准"，把理论知识运用到实践中去，在实践中检验和巩固原有理论知识，并在实践中拓展和创新，使之指导新的实践。这样，将理论与实践两者统一起来，互相促进，相得益彰，才能完善学生的知识，才能开发学生的智力。因此，大学生在社会实践活动活动过程中必须自觉坚持理论与实践相结合的原则，在理论与实践相结合的过程中，获得较为完整的知识，总结新经验，创造新理论。

（五）"双向受益"的原则

所谓"双向受益"，是指社会实践活动不仅要使学校和学生受益，也要尽可能使活动接受单位受益。因此，在安排社会实践活动时，除了着重考虑对学生思想教育和专业教育的要求外，还应考虑地方和活动接受单位"两个文明"建设的需要，把社会实践活动同地方和活动接受单位"两个文明"建设的需要结合起来。近几年一些团组织和学校在活动中创造的"洽谈会""选题见面会"的形式，即学校提出服务项目，地方提出急需项目，双方进行洽谈，然后根据双方商定的项目选派学生开展社会实践活动，是一种很好的形式，值得借鉴和推广。

（六）坚持课内外相结合、集中与分散相结合、点面相结合的原则

大学生社会实践活动活动的形式多种多样，其中有些在校内就可以开展，如青年志愿者活动、勤工助学活动、科技学术活动等，这些活动往往是经常的、大量的，学生参与面广、人多，效果也较好。对校外的实践活动学校也要给予充分重视，支持和引导学生利用假期走向社会。校外实践活动与校内实践活动在内容、形式上都有较大差异，校外实践活动多以社会调查、科技文化服务、志愿者活动等形式为主，人员较为分散，社会教育的效果不易把握。因此，为使社会实践活动活动取得预期效果，学校应有计划地建立大学生社会实践活动活动基地。

组织大学生参加社会实践活动活动的意义在于使大学生的思想水平和知识能力得以不断提高，因此应立足于"面"；但社会实践活动又是一个深入探索、不断创新的过程，离不开开路先锋作用的"火车头"，所以也要重视"点"的作用。任何活动若没有广泛的群众基础将无法深入持久，而没有榜样和先导的作用也是难以启动的，所以应该点面结合、以点带面。

"点"上活动是学校组织的"示范活动"，要讲求"精"，即组织精细，安排周密；"面"上活动是对全体学生的明确要求，要讲求"广"，即每个学生必须结合自己的特点和实际开展形式多样的社会实践活动活动。具体而言，就是学校一方面要面向全体同学，采取多种形式开展社会实践活动活动，使之在活动规模、组织形式、活动内容、主体结构上体现出不同的特征，保证面的扩展。另一方面，还要根据不同活动类型、主体、方式，

有主次、有区别地对待，保证重点，从而带动和引导整个社会实践活动活动的全面展开和质量的普遍提高。

（七）"就近就便"的原则

由于经费、交通、活动接受单位接待能力等方面的限制，社会实践活动应就近就便安排。

一是多数学生应回到家乡就近开展社会实践活动。

二是集中组织的社会实践活动队伍应当精干，选择的活动地点、活动内容应与活动目的相一致。

三是学生在社会实践活动中，吃、住、行等应从简安排，不应过多增加接待单位的负担，削弱社会实践活动的效果，应当防止和杜绝社会实践活动为名行观光旅游之实的风气。

（八）坚持受教育、长才干、做贡献的原则

大学生社会实践活动活动是高校大学生管理的有效措施，是促进大学生早日成才的正确途径，是推动社会主义和谐社会建设的巨大力量。在实践过程中，必须把受教育、长才干与为社会做贡献有机结合起来。

"受教育"，就是要按照党的教育方针，按照建设有中国特色社会主义事业对青年一代的整体要求，通过社会实践活动活动使广大青年大学生受到理想信念教育、改革开放教育、国情社情教育，激励青年大学生肩负起历史赋予的重任，引导他们走与实践相结合、与人民群众相结合的正确成长道路。这是我们组织开展社会实践活动活动的一项政治责任。

"才干"，就是要根据改革开放和发展社会主义市场经济对人才成长的新要求，通过社会实践活动活动培养大学生的实践动手能力和社会适应能力，丰富阅历，增长见识，磨练意志，不断提高其综合素质。

"做贡献"，就是要充分发挥大学生的知识技能优势，为社会经济发展做出力所能及的贡献。

三者密切联系，相辅相成，集中体现了党的要求、学生的愿望、社会的需要之间的统一，体现了目标与途径的统一。"受教育、长才干"是大学生社会实践活动的目的，只有通过实践，才能使大学生受到教育和锻炼，巩固和深化理论知识，增长解决实际问题的才干，提高自身综合素质。"做贡献"是"受教育、长才干"的途径，社会实践活动通过大学生能动地参

与而发挥教育作用,"做贡献"的过程也就是大学生能动地参与实践的过程。

学校要精心组织和安排大学生社会实践活动的内容,使其在"做贡献"的过程中受到教育、增长才干。忽视了"受教育、长才干",社会实践活动活动就没有了灵魂,失去了方向;忽视了"做贡献",社会实践活动活动就丧失了现实的基础,也就无法实现育人的目标。只有在工作中全面把握和坚持三者相结合的原则,才能够激发和调动各方面的积极性。

(九)精心组织的原则

大学生社会实践活动应该遵循精心组织的原则,应该重点把握好三个环节。

一是事先进行动员、联系,确定社会实践活动的内容和形式、参加人员、接待单位、经费来源等。

二是活动开展过程中,带队教师、干部和学生骨干及地方或接待单位干部应进行精心的指导,帮助学生解决在活动过程中遇到的思想问题和实际问题,对于可能出现的消极因素进行引导。

三是活动后,对活动成果进行总结、消化,对好的经验进行推广。

(十)坚持整合社会资源、互利双赢的原则

在当前学生社会实践活动基地建设中,要充分发挥学校的学科优势和智力资源优势,建立足够数量而又相对稳定的社会实践活动基地,使之既有利于大学生在社会实践活动中奉献智慧,锻炼成才,又有利于学校教学科研的发展和地方经济建设。可以根据高年级大学生的学习生活特点,将毕业实习、订单式培养、就业培训、就业选择有机结合起来,让高年级的大学生到毕业后可能去工作的单位参加社会实践活动活动,从而达到提高能力、培养素质、双向沟通、增进了解、促进就业的目的,使之成为一种新的社会实践活动基地模式,同时也为大学生更多地了解企业、服务企业、在企业建功立业、发挥聪明才智拓展崭新的领域。

所谓"互利双赢",是指社会实践活动不仅要使学校和学生受益,也要尽可能地使活动接收单位受益。因此,在安排社会实践活动时除了要着重考虑对学生进行思想教育和专业教育的要求外,还应考虑地方和活动接收单位物质文明和精神文明建设的需要。要把社会实践活动同地方和活动接收单位的需要结合起来,让大学生在服务中实现参与,在贡献中受到教育,真正实现学校为地方经济建设提供服务，地方为学校的人才培养提供基地，双方协调发展，共同进步。

大学生参加社会实践活动，是认识社会、锻炼能力、接受教育的过程，是利用社会资源对大学生进行教育服务的过程，这种教育服务是有成本支出的。在市场经济条件下，单向的付出不符合经济规律，是不能长久的。只有双向服务，合作共赢，才能适应市场经济的要求。所以，通过社会实践活动架设起高校与企业、地方合作的桥梁，构建高校与社会间的双向服务体系和长效机制，才能实现学校资源和社会资源的双向服务和合作共赢，才能进一步促进社会资源对大学生社会实践活动的支持，真正实现社会实践活动的长效性。在此过程中，对高校而言，加强大学生社会实践活动基地的建设是关键所在。

只有坚持以上原则，才能在大学生社会实践活动工作中把提高思想政治素质教育作为首要任务，确保每一个大学生都能参加社会实践活动，确保大学生管理贯穿于社会实践活动的全过程，不断提高社会实践活动的针对性、实效性以及吸引力和感染力，保证大学生社会实践活动活动长期健康发展，并调动校内外各方面的积极性，努力形成全社会支持大学生社会实践活动的良好局面。

四、建设实用的大学生社会实践活动提升机制

组织高校大学生参加社会实践活动是中国特色社会主义高等教育的重要组成部分，是全面贯彻党的教育方针，推进大学生素质教育的重大措施和不可缺少的环节，是促进科技、教育与经济结合的重要形式和途径。在社会主义市场经济条件下高校社会实践活动如何广泛、深入、持久地开展下去，发挥其应有的综合功效，在理论和实践中还有许多紧迫需要解决的问题。深化高校社会实践活动面临的主要问题有：从理论上，如何界定高校社会实践活动的基本功能及在高等教育乃至整个社会经济政治文化发展中的地位和作用，为高校社会实践活动提供系统的指导；从国家、省、高校都建立领导组织机构的基础上，如何直接打通高校与地方联系畅通渠道，建立一种直接、便捷、稳固的协作关系，为高校社会实践活动提供广泛而有力的组织、协调、指导保证；高校社会实践活动作为大学生的一门必修课如何在实行学分制条件下课程化建设做到科学规范；如何拓展社会实践活动的形式内容渠道，以满足不同层次、不同学生需要及社会需求；如何

建立服务师生社会实践活动的实体动作机制；如何巩固、发展、建设社会实践活动基地，开发利用基地的资源功能；如何调动学生、教师、接受单位等各方面的积极性，建立有效的动力、激励机制；如何改变社会实践活动投入缺乏问题等等。

针对大学生社会实践活动的新形势、新问题，我们必须加强组织，完善制度，强化措施，建立以"八项建设"为主要内容的、适应社会主义市场经济条件的大学生社会实践活动运行机制。

（一）社会实践活动领导组织体系社会化建设

建立校地结合的社会实践活动领导组织体系，实现组织指导体系的社会化、网络化。应在校内建立以党政领导及有关部门参加的社会实践活动领导小组，充分发挥和调动广大干部、教师和实践单位及社会各界的教育指导作用及全体学生的主动性、积极性。从组织体制上使高校社会实践活动成为真正意义上的社会事业，具有可靠的领导组织指导服务保障。

（二）社会实践活动制度化建设

对社会实践活动的指导思想、方针原则、目标要求、形式内容、方法途径、时间要求、成绩考评、工作量计算、奖励办法、组织领导及有关政策都应作出明确规定，使活动贴近高校发展实际，有章可循。

（三）社会实践活动程序规范化建设

开展社会实践活动从准备、实施到巩固消化活动成果都应形成一套规范化程序。在活动准备阶段，对社会实践活动的内容、形式、时间等都要作充分、细致、具体的规划和统筹安排，从落实选题项目、组建分队、组织培训到动员和必要资料器材准备都要环环相扣，扎实周密；在活动实施中，要按照活动计划，有领导有步骤地进行，同时要充分考虑活动中的实际情况，创造性地完成活动计划，并制定必要的检查制度，采取有效措施，加强对社会实践活动组织实施工作的指导和检查，建立并完善活动信息反馈机制，及时了解、掌握社会实践活动各个阶段的进程和各项具体活动开展的详细情况，以便各级组织者动态把握进展情况，及时作出相应的安排部署；实践结束后，应全面组织总结交流、成绩评定、工作量计算、汇报演讲、成果展览、宣传报导、总结表彰等，进一步巩固活动成果，扩大受益面。

（四）社会实践活动课程化建设

社会实践活动是一门特殊的课程，是学校与社会两个课堂、教师与群众两类老师、书本与实践两种教材的有机结合。应该把大学生、研究生参加社会实践活动纳入学校教学计划，作为一门必修课，纳入学生学籍管理和德智体综合测评体系，制定详细科学的考评办法，分级分等考评，每学年进行一次。该门成绩不及格的不能评定奖学金。每生要参加不少于 30 天的社会实践活动，填写"学生参加社会实践活动考评卡"并存入学生本人档案，每人写出一份社会实践活动报告并在班内总结交流，每生每年考评成绩记入综合测评。对指导教师社会实践活动指导工作要计工作量，纳入晋职晋级考评体系。要建立社会实践活动科学的内容体系。要根据不同层次、不同专业、不同年级学生的特点科学安排社会实践活动的内容。

（五）社会实践活动基地化建设

社会实践活动基地是大学生社会实践活动的重要的场所，是大学生走向社会、接触社会、了解社会、服务社会的桥梁。有计划地建立一批稳定的社会实践活动基地，是巩固发展社会实践活动的重要基础。学校必须本着互惠互利的原则广泛寻求社会支持，尽可能多地把社会资源吸引到大学生社会实践活动中来，建立固定的具有融教学、科研、生产、育人于一体的综合功能的社会实践活动基地，并聘请基地领导和工程技术人员担任社会实践活动指导教师，直接指导学生开展活动，为大学生实践活动的开展创造了良好的外部条件，提供更多的实践锻炼机会。基地建设要有长远的活动计划，确保学生实践活动持续、稳定、健康地发展。学校还须按照双向受益原则，积极为接受单位提供技术服务和智力支持，联合开发新产品，优先、优惠转让科技成果，推荐优秀毕业生到基地工作，使双方合作关系不断加强，促进共同发展。

（六）社会实践活动形式内容多样化建设

高校要积极探索把握新形势下大学生社会实践活动的特征规律，使其在内容、方式上以及深度、广度上不断发展，呈现多层次、多方面、多种模式循序渐进、递次上升的趋势。活动规模要由单人单队向团队型、区域性大规模集中活动方向发展。活动内容和层次要由调查访问为主向结合专业、发挥科技文化智力优势，开展科研攻关、技术服务、知识培训、便民服务、高新科技产品技术推广等内容形式多样化、高层次发展。传统的社会调查也应向专题化、重效益、重应用方面转化。

（七）社会实践活动激励机制建设

社会实践活动激励机制建设的目的是通过激发参与者的积极性和创造力，推动社会实践活动的深入开展，实现活动目标。高校要制定一系列政策措施，激励竞争，鼓励发展。对大学生（包括研究生、博士生）参加社会实践活动定内容、计学分；对教师定任务、计工作量；院系部、教研室应制定规划和考核措施；学校应制定"社会实践活动评比条例"，定期开展各类先进集体和先进个人评比活动。社会实践活动情况应做到"六个挂钩"：与学生德、智、体综合测评成绩挂钩，与奖学金挂钩，与评选先进个人和集体挂钩，与团员民主评议、推优入党和推荐免试研究生挂钩，与单位和个人经济利益挂钩，与教师工作量和干部业绩的奖惩挂钩。充分调动大学生、广大教师干部以及社会各界、各单位参与社会实践活动的积极性、主动性，使社会实践活动形成有机运作、自我驱动、有轨发展的动力机制。

总之，大学生社会实践活动要从计划经济条件下单纯的行政管理为主，向引入市场运作机制，健全服务体系，逐步实现社会实践活动信息化、专业化、社会化、科学化管理的转变，实现教育机制与市场机制的有机统一；要从以团组织和学校干部牵头为主的组织形式，向以教师、研究生和大学生与实践接受单位牵头为主体的组织形式的转变，实现组织主体和活动主体的统一；要从以活动型为主，向搞活动与干实事并举，项目推进、注重效益，实现目的动机与实践效果的统一；要从以高校投入为主，向学校支持、社会实践活动单位和学生个人的多元化投入体系转变，实现投入主体与受益主体的统一。大学生社会实践活动运行机制的建立与完善，必将大力推进社会实践活动科学化、专业化、社会化、市场化进程，取得显著的人才效益、经济效益和社会效益。

参 考 文 献

[1] 王林清，马彦周，张建和. 高校学生事务管理规范与服务标准[M]. 北京：中国文史出版社，2014.

[2] 曲风等. 社会主义核心价值观学习读本[M]. 北京：国家行政学院出版社，2014.

[3] 周三多，陈传明，鲁明泓. 管理学——原理与方法[M]. 修订5版. 上海：复旦大学出版社，2009.

[4] 王增国. 现代高校学生事务管理理论及案例研究[M]. 徐州：中国矿业大学，2011.

[5] 方巍. 学生事务管理的流派与模式[M]. 杭州：浙江大学出版社，2014.

[6] 国家中长期教育改革和发展规划纲要（2010-2020年）[Z]. 2010.

[7] 黄燕. 文化视野下的中美高校学生事务管理[D]. 上海. 华东师范大学. 2013.

[8] 范伟弘. 高校大学生管理工作创新研究[D]. 石家庄. 河北师范大学. 2012.

[9] 凌娟. 我国高校学生事务管理面临的困境与对策研究[D]. 长沙. 湖南师范大学. 2013.

[10] 尹晓叶. 陕西省高职学生管理存在的问题及对策研究[D]. 太原. 山西财经大学. 2012.

[11] 杨少波. 我国高校学生管理专业化研究[D]. 武汉. 华中农业大学. 2010.

[12] 张冠鹏. 高校学生管理制度研究[D]. 长春. 东北师范大学. 2013

[13] 朱建良. 信息化背景下高校学生管理创新研究[D]. 宁波. 宁波大学. 2013.

[14] 赵志梅. 新时期高校学生管理研究[D]. 郑州. 郑州大学. 2007.

[15] 曾兰. 90后大学生思想行为特点与教育引导策略研究[D]. 武汉. 华中师范大学. 2013.

[16] 陈莉莉. 新时期高校大学生管理工作创新策略[J]. 市场调查信息，2021（10）1-2.

[17] 汪建兴. 以人为本的管理理念在大学生管理中的应用研究[J]. 科技风，2022（31）：37-39.

[18] 刘笑君，钱同新，王婧．心理学在大学生管理工作中的运用研究[J]．教育信息化论坛，2021，5（1）：2.

[19] 谢添书．浅析新时代高校如何加强大学生管理工作[J].2021(2017-12)：368.

[20] 卢秋菊．大学生管理的问题分析与机制创新研究[J]．冶金管理，2021（05）：193-194.

[21] 鄂胜波．基于生涯规划视角的高职大学生管理研究[J]．成才之路，2023（12）：5-8.

[22] 常乐．高校辅导员对大学生管理工作创新研究[J]．黄河·黄土·黄种人，2022（8）：2.